東方選書

匈奴

古代遊牧国家の興亡

〔新訂版〕

沢田勲

東方書店

まえがき

中島敦の『李陵』（『文学界』一九四三）という小説をお読みになった方は多いであろう。前一世紀、北方の異民族匈奴《きょうど》の討伐に出撃した漢の武将李陵《りりょう》は、奮戦空しく匈奴の捕虜となってしまう。結局、李陵は匈奴に投降し、漠北の地で生涯を送ることとなる。この小説は、漠北で生涯を送ることを決意した李陵の苦悩を、かれの心情に深く分け入って描いた昭和文学の傑作であるが、同時に、嫉妬や保身が渦巻く漢の宮廷に比して、粗野ではあるが質実剛健に生きる人々として匈奴が描かれている。

この匈奴こそ、北アジア史上最初に登場した騎馬遊牧民である。当時の中国、すなわち漢にとって、北方を脅かす匈奴の存在はきわめて重大であった。漢の政策の一つ一つが匈奴対策を抜きにしては考えられなかった。この匈奴について、その歴史、文化、社会の紹介を試みたのが本書である。

さて、友人李陵の匈奴への投降に連座して、漢の歴史家司馬遷《しばせん》は宮刑（去勢される刑で腐刑ともいう）を受けることになった。その司馬遷が著した『史記』（前九一年頃完成という説が有力だが他に諸説ある）の〈匈奴列伝〉が、匈奴についての最初のまとまった記録である。司馬遷の名声を高めたのは、この〈匈奴列伝〉であるといってもけっして過言ではない。宮刑という恥辱を受けながらも、彼が匈奴を冷静沈着に描いたのは、先に記したような当時の緊迫した状況に加え、武田泰淳が『司馬遷──史記の世界』（文藝春秋社、一九五九）の中で述べているように、司馬遷に異文化を理解しようとする姿勢があったからである。その姿勢は、五世紀後半、フン族の襲来を受けたヨーロッパ人が、フン族を悪鬼の蛮族として憎悪を込めて描写したのとは対照的である。現在、我々が漢代の匈奴について知ることができるのは、貴重な記録を書きとどめた司馬遷の功績である。

ところで、李陵が投降した後も漢と死闘を繰り広げた匈奴も、後一世紀頃になると分裂衰退し、やがて歴史の表舞台から姿を消してしまったように思われがちである。しかし、匈奴はその後も中国史上に大きな役割を果たし、後の隋唐帝国の成立にも関わることになる。

中国ばかりではない。はるか西方のヨーロッパの歴史にも大きな影響を及ぼしたと考えられている。先述したフン族はゲルマン民族の大移動を引き起こし、やがて西ローマ帝国の崩壊をもたらしたが、このフン族こそ匈奴の末裔と考えられているのである。本書では、こうした匈奴のその後まで述べ、私なりの考えを示したつもりである。

今日、世界史の記述の中で、ユーラシア内陸部の遊牧民ほど不当な扱いを受けている民族はいない。その基調にあるのが、先述したようなヨーロッパ人による遊牧民に対する蛮族観であることはいうまでもない。そのことは取りも直さず、一九世紀ヨーロッパ社会で確立されたヨーロッパ中心の世界史観の亡霊が、依然として生き続けていることを示していよう。

しかし、堀直が『世界史とは何か』（歴史学研究会編、東京大学出版会、一九九五）の中で述べているよ

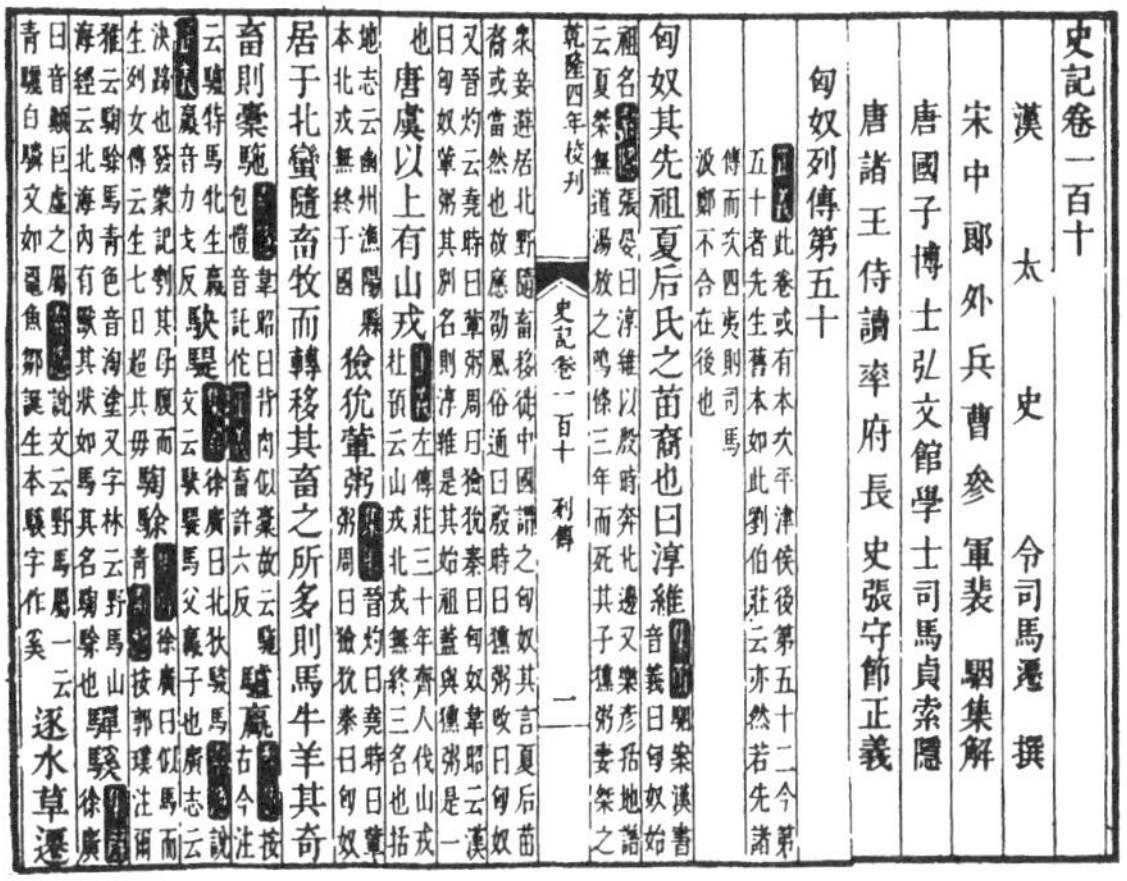
史記卷一百十
漢　太　史　令司馬遷　撰
宋中郎外兵曹參軍裴駰集解
唐國子博士弘文館學士司馬貞索隱
唐諸王侍讀率府長史張守節正義
匈奴列傳第五十
匈奴其先祖夏后氏之苗裔也曰淳維
唐虞以上有山戎獫狁葷粥
居于北蠻隨畜牧而轉移其畜之所多則馬牛羊其奇
畜則橐駞驢驘駃騠騊駼驒騱逐水草遷
乾隆四年校刊
史記卷一百十　列傳　一

『史記』匈奴列伝（清・乾隆武英殿刊本）

司馬遷（『三才図会』）

うに、現在では、遊牧民を無視して世界史は成り立たないということが、中央ユーラシア研究者の共通認識となっているのである。本書は匈奴史を概観し、匈奴の社会と文化を紹介することを目的としているが、それを通じてユーラシア内陸部の遊牧民が世界史に果たした歴史的意義をも描き出してみたいと思う。

目次

第四章

匈奴の社会……121

第一章

匈奴の登場

一――匈奴の源流

◈モンゴル高原の暮らし

モンゴル高原(Mongolia)は、一般に青々とした大草原が単調に広がっていると思われがちだが、その景観はけっして一様ではない。北はシベリアの針葉樹林地帯に接し、ケルレン、オオルホン、セレンゲなどの河川が流れ、西北にはハンガイ、アルタイの両山脈が東西に伸び、東は大興安嶺の山並みを隔てて満洲の地に繋がり、南には広大なゴビ砂漠が広がる。ここうした景観の中央部に大草原が位置している。

モンゴル高原の海抜はおよそ千五百メートル、年間降雨量はきわめて少ない。また、ユーラシア大陸の内陸部に位置するため、気温の年較差、日較差が著しく、特に冬には零下三〇度以下となることもけっして珍しくない。このような厳しい気候条件のもと、この地に住む人々は、古来五畜(馬、牛、羊、山羊、ラクダ)といわれる家畜を飼育する遊牧生活を営んできたのである。

遊牧という生活形態は、羊などの群をなして移動する有蹄類の動物の習性を利用して生まれたものだといわれている。すなわち、人間が家畜に寄生して生活する、これが遊牧生活であると理解してもよいであろう。だが、遊牧民は単純に家畜に頼りきっていただけではない。

かれらが最もよりどころとする羊は、おとなしい動物だと見られがちであるが、けっしてそうではない。鈍重で群を乱すことが多い羊を効率的に管理するべく選ばれたのが、馬という機動性に富む動物であった。

厳寒のモンゴル高原は、人口がきわめて少ない。少ない人数でより多くの家畜を統率するためには、人が馬に乗って自在に移動することが必要であった。こうしてモンゴル高原には騎馬遊牧民が誕生したのである。そして、北アジアにおける最初の騎馬遊牧民こそが、本書の主役匈奴である。

◈北方異民族の系譜

匈奴の登場以前にも、中国人は多くの北方異民族の記録を残している。例えば、司馬遷は『史記』〈匈奴列伝〉で、

> 唐、虞《ぐ》（唐は堯《ぎょう》、虞は舜《しゅん》のこと。ともに伝説上の太古の帝王）より前の時代にも、山戎《さんじゅう》、獫狁《けんいん》、葷粥《くんいく》の諸族がいて、北方の蛮地に居住していた。

と記している。前一三〇〇年代後半と推定される殷王武《ぶ》丁《てい》の時代、亀甲獣骨に刻まれた占い文字すなわち卜辞《ぼくじ》（甲骨文）には、土方と呼ばれる異民族が殷の辺境を侵略し、人民、家畜を掠奪したことが記されている。また、周代の『周礼』『易経』には土方、鬼方、馬方と呼ばれる遊牧民の名が記されている。

更に下って、西周末（前八〇〇頃）の虢季《かくき》子《し》白盤《はくばん》という青銅器の銘文には、「玁狁《けんいん》」という遊牧民を洛水（陝西省）の北方で討ったことが記されている。周朝の歌謡を集めた『詩《し》経《きょう》』にも、洛水の北方から今日の内モンゴル地区にかけて多くの遊牧民が散居していたことが確認されている。続く春秋戦国時代（前七七〇～前四〇三を春秋時代、前四〇三～前二二一を戦国時代と称す）になると、『史記』〈匈奴列伝〉に、

> 秦の穆公《ぼくこう》（在位前六六〇～前六二一）は由余を臣下とし、〔その結果〕西戎八ヶ国が秦に服した。そこで隴《ろう》より西には緜諸《めんしょ》、緄戎《こんじゅう》、翟豲《てきがん》の戎がおり、岐山、梁山、涇水《けいすい》、漆水《しっすい》の北には、義《ぎ》渠《きょ》、大茘《たいれい》、烏《う》氏《し》、朐《く》衍《えん》の戎がおり、晋の北には林胡、楼煩《ろうはん》の戎がおり、燕の北には東胡、山戎がいた。それぞれ分散して谿谷におり、各自の君長を有していた。しばしば百余りの戎が集まったが、完全な統一はなかった。

と記録されているように、中国北辺には数多くの戎（中国から見て西北の異民族を指す語）が居住して

いたようである。周初の獫狁、葷粥などの異民族と匈奴がどのような関係であるのか、いまだに十分に解明されていない。だが、これらの民族と匈奴の間には決定的な違いがあった。それは、匈奴が騎馬遊牧民であるということであった。

戦国時代の中国人は匈奴を胡と総称しており、匈奴より東の人々を東胡、西の人々を林胡と呼んでいた。当時の中国人は北方の異民族を自分たちとはまったく異質な人々と見なし、匈奴をその代表格として「胡」と呼んだようである。匈奴の東西の民族を東胡、林胡と呼んでいたことから、中国人が匈奴とこれらの人々を別種と認識していたことがわかる。

春秋時代には、長江中流域の楚や渭水流域の秦、今日の北京付近の燕ですらも中原諸国から蛮族、夷狄と見なされていたことからわかるように、かれらのすべてを純粋遊牧民であったと断定するわけにはいかない。江上波夫は、かれらは半農半牧の人々であるとし、匈奴のような純粋騎馬遊牧民とは明確に区分している。

◈匈奴の登場

戦国時代中期の前三一八年(王赧六)、韓《かん》、魏《ぎ》、趙《ちょう》、燕《えん》、斉《せい》の五ヶ国は連合して秦を攻めた(『史記』〈秦本紀〉)。この戦争は五ヶ国側の惨敗に終わったが、匈奴の名で知られる民族が初めて記録上に現れたのは、このときのことであった。匈奴は五ヶ国側に呼応して秦と戦い、北に敗走したようであるが、この頃からその名が中国諸史料に散見されるようになるのである。

もっとも、匈奴の名は、中国最古の地理書といわれる『山海経《せんがいきょう》』の中にも見出すことができる。『山海経』は、中国最古の王朝とされる夏王朝を創始した禹《う》の治水事業を助けた伯益《はくえき》の作と伝えられているが、これが事実とすれば、匈奴は夏の初期より中原（黄河中下流域の中国の中心部）の人々に知られていたことになる。だが先学たちの研究で明らかにされているように、『山海経』は戦国時代後期の中国人による偽作であるとする見解が有力であって、夏時代の作品とは認めがたく、匈奴が夏の頃より中国北方において活動していたとは考えにくい。

◈司馬遷の匈奴観と華夷の差別意識

古来より中原の人々は、匈奴を自分たちから分かれたものと考えていた。たとえば、司馬遷は『史記』〈匈奴列伝〉の冒頭に

匈奴の先祖は夏后氏（夏王朝の一族）の子孫であって、名を淳維《じゅんい》といった。

と記述している。司馬遷がいかなる史料を根拠として、匈奴の始祖を夏の一族に求めたのかは明らかでない。だが、春秋戦国期の文献を渉猟し、それらの記録を重視したかれが、匈奴の先祖を夏王室の血を引く淳維としたことは、戦国期の中国人の間に匈奴を中国人の末裔とする考えが流布していたことを示している。

さらには、唐の司馬貞『史記索隠』に、「楽彦『括地譜《かつちふ》』は、夏の桀王は無道なため、殷の湯王によって鳴條に放逐されて、三年で死亡した。その子の獯粥は桀王の妾を妻として、北野へ移住して遊牧生活を始めた。中後はこれを匈奴と謂う」とあり、又、『晋書』〈四夷伝〉には、

夏は薫鬻といい、殷は鬼方といい、周は獫狁といい、漢は匈奴という。

とあるように、葷(薫)粥、獫狁、匈奴を同一系統のものとみなし、これらの伝承を史実の一端として肯定する考えもあるようだが、何分にも資料が少なく、にわかに信ずることはできない。

だがかかる伝承がある一方で、秦漢期の中国人は、匈奴を「胡」と称して自分たちとは明確に区別していることも事実である。この矛盾を私たちはどのように解釈したらよいのであろうか。

こうした疑問に答えてくれたのは堀敏一である。今、堀の『中国と古代東アジア世界――中華的世界と諸民族――』(岩波書店、一九九三)によって、その見解を紹介してみよう。

堀によれば、西周時代には周の直轄地だけが華(中華)と称されたが、春秋時代になると中原の諸国が諸夏、華夏としての共通の意識を持つようになった。諸夏という語に対して、中国周辺の異民族には夷狄という語が用いられた。この頃より華と夷を差別する意識が生まれ、この違いを認識することを通じて、中原諸国の間の同類意識、すなわち民族意識が育ったのであると堀は述べている。

ところが、春秋期における華夏意識は中原諸国に限られ、楚、秦、燕なども中原諸国からは夷狄として認識されていた。春秋期の華夷の違いは、飲食、服飾などの風俗、習慣の違いであって、明確な民族的な差異ではなかったのである。だが秦漢期になると、その差異は他のグループに対する「われわれ意識」を示すものになった。

このような民族意識はけっして中国人の間にのみ存在したわけではなかった。匈奴の人々も同様に中国に対する差異意識を持っていた。それは、前八九年(征和四)に匈奴の狐鹿姑単于《こりこぜんう》(単于は匈奴首長の称号)が漢の武帝に送った書簡の中で、「南には大漢があり、北には強胡がある。胡は天の驕子《きょうじ》である」と述べていることからも明らかである。

このように、司馬遷が『史記』〈匈奴列伝〉の中で、匈奴の先祖を夏の末裔としながらも他方で中国とは別個の世界の人間として描写したのは、春秋から秦漢時代に至る中国人における世界認識の変遷を示すものと見るべきであろう。

中国では支配者層によって夷狄は禽獣に等しいと見なされていたが、この観念は人を人として見ない奴隷制と関係があったに違いない。あくまでも推測の域を脱しないが、匈奴の「奴」とは奴隷の意味であろう。当時、戦国期の混乱の中で北方に逃亡する奴隷が多数出ていたが、これが夏王朝内部の闘争の敗者と結び付けられて、先のような伝承が成立したのではないだろうか。とすれば、『史記』〈匈奴列伝〉に記された「匈奴の先祖は夏后氏の子孫である」とする見解は、戦国時代以降の産物と見るべきかも知れない。

◈匈奴の源流とその故地

匈奴を夏王朝の後裔とする伝承が、戦国時代の中国人による創作であるならば、かれらはどこから来た民族なのだろうか。

旧ソ連邦の考古学者コズロフは、後一世紀の匈奴の墳墓といわれる北モンゴルのノイン・ウラ墳墓(九三頁参照)に埋葬されていた遺骨より、匈奴人をアーリア人の一種と見て西方からの外来民族であると推定した。いうまでもなく騎馬戦法を編み出した民族は、前七世紀頃より黒海周辺で活躍したスキタイ人である。このスキタイの騎馬戦法を導入し、みずからが持つ高い鋳銅技術を駆使したアーリア人こそが中国北方を席巻した匈奴だというのである。

このように匈奴をモンゴリアに侵入した西方系民族とする説に対して、周時代の獫狁、葷粥および戦国時代の義渠と結び付けて、西方からの冶金技術を身に付けて雄飛したモンゴリア土着の民族を匈奴とする説もある。

モンゴル草原は内陸アジアのアルタイ・カザーフ草原と連なっており、この地域での情報、文化の伝達はきわめて速い。遊牧民は農耕民と違って、一ヶ所に定住して自己完結的に生活することはできない。一般に遊牧民は、穹廬《きゅうろ》(天幕)を立てる木材、防寒着としての毛皮、遊牧に使用するナイフを始めとする金属器類など、遊牧生産では得られない物資を、周辺の諸民族との交流によって獲得しなければならない。いうなれば、移動生活を送るかれらは、先天的に商業民族としての性格を兼ね備えていたのである。そのことは同時に、つねに的確な情報を得ることがかれらにとって死活問題であったことを示している。かれらが内陸アジアを横断する広大な草原を通じて、中国文明より西方の文明を先に導入したとしてもあながち不思議ではない。

コーカサスよりモンゴル草原に至る広大な中央ユーラシア草原における金属文化は、その文化圏の非常な広大さにも関わらず、内容的には驚くほど一様である。このような文化の共通性、普遍性は、かれらの間でいかに文化が迅速に伝播したかをよく物語っている。

推定の域を脱しないが、北モンゴルに遊牧していた民が逸早くスキタイの騎馬戦法を習得し、南下して中国北辺の半農半牧民を征服ないしは悦服して、匈奴と呼ばれる一つの政治勢力を結集したものと思われる。

◈匈奴人の容貌

漢代の匈奴人の容貌について、詳細な記述は残されていない。五胡十六国時代、後趙を建てた匈奴出身の石氏一族の容貌について、『魏書』〈石勒伝〉および『晋書』〈載記第四石勒〉は「目は落ちくぼみ、鼻は高く、鬚が多かった」と記している。

内田吟風は、匈奴の休屠《きゅうと》王の王子で武帝に仕えた金日磾《きんじつてい》、前趙の劉淵《りゅうえん》、劉曜《りゅうよう》、および夏の赫《かく》連勃勃《れんぼつぼつ》らが長身であったとする中国史書の記述を根拠として、匈奴人を「白皙、長身、黄髪、緑睛、深目、高鼻、多鬚の肉体的特質をもった種族、すなわちコーカサス人種中でも、さらに北欧型に類する種族」であったと推定している。

しかしながら、かかる断片的な記述をもって匈奴人を北欧型の人種とするのは、いささか唐突にすぎよう。確かに後趙石氏は南匈奴系の羌渠《きょうきょ》種系に属すると思われるが、かれらは四世紀に甘粛、山西地区から中原に進出した人々、つまり長年の間に混血した人種であって、北モンゴル出自の純粋匈奴種とは見なしにくい。

二〇〇七年七月より行われたモンゴル・韓国考古調査団によって、モンゴル国東部のヘンティー県モリン・トルゴイ匈奴墓より男女二体の埋葬された人骨が発見された。韓国東亜大学校の金宰賢によると、人骨は男性四〇過ぎ、女性は三〇歳前後で、両者とも高眼窩で中鼻の特徴をもち、現在のモンゴル人に特徴が似ていると報告されている。

近年中国陝西省で発掘が進められている秦・始皇帝の兵馬俑坑からは、胡すなわち匈奴兵と思われる俑(人形)が発見されている。これらの俑は短躯、低鼻のモンゴロイド的特徴を示しており、この点からも、漢代匈奴人が北欧人種であるとは思えない。

モンゴル高原や中央アジアで発見された墳墓に埋葬された人骨からは、匈奴人の容貌はむしろ今日のモンゴル人に近似していたことが窺えよう。北モンゴルのノイン・ウラ墳墓より出土した後一世紀の人骨については、遺憾ながら詳細な報告がないが、遺骸に残存した弁髪よりモンゴロイド系(梅原末治の報告による。ただし調査者のコズロフはアーリア人種としている)といわれている。

ところが幸いなことに、匈奴のものと推定される好個の墳墓が存在している。それは中央アジアのタラス河畔で発見されたケンコール墳墓群である。この墳墓群は一九三八年から翌年にかけて旧ソ連の考古学者ベルンシュタムによって発掘調査され、地下式横穴墓から合葬された男女二体の遺骸が発見された。

この地には前一世紀に郅支《ちつし》単于に率いられた西匈奴の一派が、また後一～二世紀に北匈奴の一派が定着しているが、ケンコール墳墓群は北匈奴の一族の墳墓と推定されている。幸いなことに、ケンコール墳墓より出土した男子の人骨は、キルギス・ビシュケクにあるフルンゼ博物館の手で生体復原され、ゲラシーモフによって検討が加えられている。

角田文衛によって紹介されたベルンシュタム、ゲラシーモフの研究によると、ケンコール人(北匈奴人)の長く伸びた細い鼻骨、梨形の鼻孔、低い鼻、高く円い眼窩はトルコ的であり、頬骨や下顎骨の形状、上顎骨の歯槽突起はパミール・フェルガーナ的であって、トルコ人とパミール・フェルガーナ人の混血であると推定されている。もちろん、ケンコールの墳墓に埋葬された人々も、西方に移動するうちに中央アジアの原住民と混血したことが十分に考えられるので、かつての漢代の匈奴人と同一であるとは断定できないが、こうした外面的な特徴は大宛《だいえん》(フェルガーナ。今のウズベキスタン)の人々とは明らかに異なり、モンゴロイド的要素を多分に有していたことを示している。

◈匈奴民族とは何か

これまで、匈奴とか匈奴人とかはたまた匈奴民族などときわめて曖昧な言葉を使ってきたが、今「民族」という概念について少し考えてみよう。

一八世紀から二〇世紀初頭のヨーロッパにおける匈奴史研究の主眼は、匈奴が何系の民族であるかを解明することにあった。例えば、イノストランツェフの『匈奴研究史』(一九〇〇。邦訳は蒙古研究所訳、生活社、一九二六)に代表されるように、匈奴がモンゴル系かトルコ系かはたまたフィン系かと確定することが、当時の匈奴研究の最大の関心事であった。こうした西洋の研究を受けて、日本でも白鳥庫吉、桑原隲蔵らが中国史料に散見される匈奴語を抽出し、それらより匈奴の民族系統を探りあてることを研究の主眼としていた。

「民族」という概念は、文化的、歴史的な所産である。同時に、他のグループに対して「われわれ意識」を持つこと、つまり他者との差異の存在が前提となる。先にも少し触れておいたように、「民族」意識は言語、宗教などといった文化的要素ばかりでなく、人種的な差異、生産形態の相違も考慮に入れなければなるまい。後に秦の始皇帝が万里の長城を建設して、騎馬遊牧民匈奴との境界を画定したのも、騎馬遊牧社会が農業社会とまったく異なる生産形態であることを明確にするためであった。匈奴の単于が漢の皇帝に宛てた書簡で、みずからを「胡」と称したのも(八頁参照)、かれらの中にも始皇帝と同じ観念が存在していたからに違いない。

ところが、近年使用されている「民族」概念は、「民族」を一種の強固な政治的共同体に変えてしまい、宗教、言語、文化に至るまで一元化してしまっている。このような傾向は一九世紀の後半より醸成され、二〇世紀前半には民族国家として具現化された。しかし、境界が画定された国家を形成しない遊牧民には、このような民族概念は通用しない。宮脇淳子が『モンゴルの歴史』（刀水書房、二〇〇二）の中で指摘されているように、中国文献に音写されたわずかな匈奴語が、今日のトルコ語やモンゴル語で解読されたとしても、それらが匈奴と呼ばれた遊牧民全体の系統を示すものとはならないのである。

それゆえ、二〇世紀に成立した「民族」概念をもって、匈奴時代の民族問題を語ることはあまり意味がないと思われる。本書では匈奴がトルコ系かモンゴル系かを議論することは避けたいと思う。

二――匈奴の勃興

◈匈奴の戦法

匈奴が歴史上に登場した前四世紀後半、中国の北辺、すなわち今日の甘粛、内モンゴル、東北地区（吉林、黒竜江）には、いくつかの遊牧民族が割拠していたようである。すなわち西から甘粛にかけて義渠族、内モンゴルは匈奴族、そして東北地区は東胡族によって統合されていた。それゆえ、これらの勢力と接していた秦、趙、燕の諸国は、長城を築いてかれらの侵入を防いでいたのである。

匈奴の登場は東アジア史上画期的なことであったが、それはかれらが駆使した騎馬戦法が、歩兵を主体とする中国の戦法に大きな衝撃を与えたからである。その衝撃の大きさは、河北、山西によってかれらと境を接していた趙の武霊王（在位前三二六〜前二九九）が、前三〇七年に遊牧民の騎馬軍団を模倣して、みずからの軍隊を改革していることからも明らかである。

当時の中国の戦法は、戦車に槍兵、弓兵、御者の三人が乗り、それらを歩兵軍団によって固めるというものであった。武霊王はこれを改革し、兵士にペルシア風の薄手の鱗甲を着せてズボンを穿かせて、騎馬技術を訓練させたのである。この改革にあたっては、多数の遊牧民が傭兵として採用されたようである。この軍制改革は、当時としては革命的なもので、趙は当時内モンゴル・オルドス地区（黄河屈曲部の南）に勢力を張っていた林胡、楼煩族を打ち破ることに成功したのであった。

また、匈奴を強力ならしめた要因として、江上波夫・水野清一らが指摘した、いわゆる綏遠《すいえん》（オルドス）青銅器（九〇頁参照）やバイカル湖南辺のイヴォルガ城塞址の製鉄遺址などに見られる高い鋳鉄技術と金属製武器の生産を忘れてはならない。

◈匈奴と始皇帝

黄河の支流渭水地方を本拠としていた秦は、前二二一年、秦王政が六国（秦を除く戦国時代の強国）中最後に残った斉を滅ぼして中国全土を統一した。すなわち、始皇帝（在位前二二一～前二一〇）である。この頃北方でも一つの動きがあった。すなわち匈奴に頭曼《とうまん》（在位？～前二〇九）なる人物が現れて、諸部族を統合したのである。頭曼はトルコ語tümənの中国音訳であり、万人長という意味である。かれは全部族の統率者たる「単于」の称号を得るや、オルドス地帯に進出して、南の秦に対抗した。

秦の始皇帝は中国を統一して間もない前二一五年、将軍蒙恬《もうてん》に三〇万の兵を与えて北の匈奴を討たせた。始皇帝が蒙恬に匈奴を討たしめたのは、「秦を亡ぼすは胡（匈奴）なり」という讖書（おみくじ）を得たためといわれている（『史記』〈始皇本紀〉）。このことは、専制君主という顔の裏に隠された、かれの迷信深く臆病な一面が現れている。

ともあれその結果、秦はそれまで匈奴によって占拠されていたオルドス地区を奪取し、黄河に沿って四四にも上る県城を築いたのである。さらに始皇帝は、山険を国境として、旧来の燕、趙、秦の長城を修築して、かの有名な「臨洮より遼東に至るまで万余里」といわれる万里の長城を建設した。これより、匈奴は陰山山脈の北麓から撤退し、しばらく北モンゴル地方で鳴りを潜

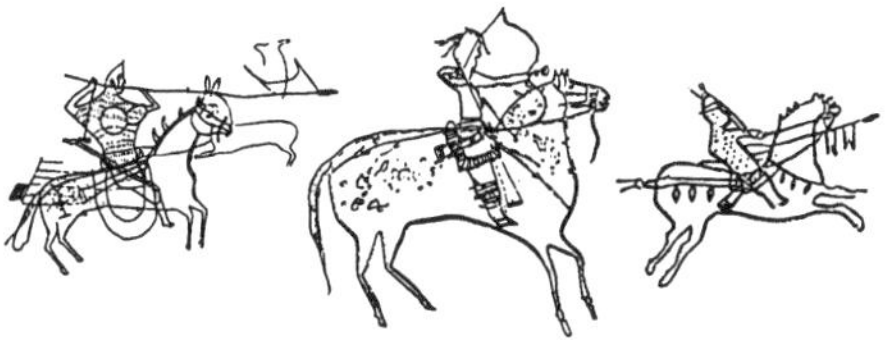

岩壁画に描かれた
古代遊牧民族の騎兵

匈奴と中国王朝の攻防が
行われたオルドス地区
(渡部英喜氏撮影)

めたのである。

◈万里の長城

万里の長城は中国文明を象徴するばかりでなく、人類最大の歴史遺産である。今少しく、長城建設の意味について考えてみたい。なぜなら、匈奴をして史上に勇名を馳せさせたのは始皇帝の長城であるからである。

現在の長城の大部分は明王朝（一三六八～一六四四）のもとで造られたもので、けっして秦代のものではない。だが、いまだに現在の長城は始皇帝が造ったものと信じる人が多い。もちろん大いなる誤解だが、長城にまつわる孟姜女《もうきょうじょ》伝説（長城建設の人柱になった夫を思い、始皇帝を罵り、海に飛び込んで自殺した女性の物語）や後述（七四頁）する王昭君物語が、それらの誤解を増幅しているやも知れない。

晋の崔豹《さいひょう》の『古今注』によれば、秦の長城は土邑が紫であったために紫塞といわれたそうで、明代の長城のようにレンガ造りの堅固な石垣ではなかった。今日、秦の長城址らしきものが内モンゴル自治区内の各所より発見されているが、秦のものと確定されるまでには至っていない。現存する最古の長城址の多くは漢王朝前期のもので、盛土を草で固めた、高さ約四、五メートル程度の簡単なものである。当時は、匈奴の騎馬軍団が越えられない高さでよしとされたのであろう。

ところで、これまで長城建設の目的は、一般に北方騎馬遊牧民族の侵入を防ぐためであると考えられてきた。私はこうした考え方に対し、長く疑問を抱いていた。それは、『史記』〈匈奴列伝〉が、始皇帝の長城建設について

よって山険を国境として谿谷を塹とし、修繕すべきは修理して、臨洮より遼東に至るまで万

漢代の長城址（渡部英喜氏撮影）

余里であった。

と述べているからである。単に騎馬民族の侵入を防ぐことを第一義とするならば、あえて「山険を国境として」山岳地帯に長城を築く必要はない。先に紹介した堀敏一は、「万里の長城は、中国民族の力を示す偉大な記念物などとよく言われるが、実はそれは力の限界を示している」と述べ、また、一九八一年に中国で放映されたテレビ番組の脚本である『河殤――中華文明の悲壮な衰退と困難な再建――』(蘇暁康、王魯湘監、辻康吾他訳、弘文堂、一九八九)は、万里の長城を中国人の閉鎖性、保守性、臆病さを代表するものと断じている。

私は中国人が保守的で臆病な民族とは思わないが、始皇帝が長城を建設して農耕社会である中国とはまったく異質な遊牧社会に対して一線を画したことによって、中国民族のアイデンティティーが明確にされたことは確かだと思われる。

始皇帝による領土拡大は、旧六国のみならず、南は今日の雲南、貴州、広東地区にまで及んだが、北は陰山山脈沿いからオルドス地帯でその勢いは止まっている。すなわち、秦の勢力は農耕地帯では順調に伸びてはいるが、まったく異質な草原地帯にはその覇が及ぶことはなかったのである。

それゆえ、始皇帝は従来の燕、趙、秦の長城を繋げて万里の長城を建設したのであった。それはみずからの力の限界を示したものであるのかも知れない。だが、かれは農耕社会中国と遊牧社会との間に明確な一線を画すことによって中華意識を昂揚させ、匈奴を「胡」と称して中国の農耕民と北方の遊牧民との差異を明らかにしたのである。それは、みずからとは対立する異なった世界を容認することでもあった。

もう一点注目しなければならないことがある。それは、始皇帝が黄河流域に四四の県城を築いて屯田兵を設置したことである。もちろん、これには遊牧民の侵入に対する防衛の意味もあろうが、むしろ、中国北方の農民の逃亡を防ぐ目的もあったと思われる。

第四章でくわしく述べるつもりだが、匈奴は掠奪戦争で中国の農民を数多く拉致している。労働力の乏しいモンゴリアに居住するかれらにとって、中国の豊富な労働力はあまりにも魅力的であった。しかも、これらの農民たちより中原に関する情報を知ることもできた。中国の王朝がもっとも恐れたのは、農民たちを通じて情報や知識が流出することであった。後の武帝の時代、漢が鋳鉄技術の流出を恐れて、北方への鉄の輸出を禁止したのはそのことを端的に物語っているのではなかろうか。

三――匈奴遊牧国家の成立と発展

◈冒頓の登場

前二一〇年、希代の専制君主始皇帝の死は、中国全土に新たな動乱の火を点けた。かれが沙丘（河北省平郷）で息を引きとったとき、その枕もとには末子の胡亥《こがい》、宦官趙高《ちょうこう》、丞相李斯《りし》がいた。かれらは策謀をめぐらせ、政敵である長子扶蘇《ふそ》を自殺に追い込み、扶蘇に与する将軍蒙恬を処刑した。北方警備の要である蒙恬の死が守備兵に多大の動揺を及ぼしたことはいうまでもない。以前より南下の機会を窺っていた匈奴の頭曼単于がこの機を逃すはずはなかった。かれは容易にオルドスの地を回復することができたが、これは蒙恬の死もさることながら、始皇帝の圧政に耐えかねていた中国人民が陳勝・呉広の乱（前二〇九〜前二〇八）に参加し、さらには劉邦や項羽らも決起して、秦にとってはオルドス防衛どころではなかったためである。

オルドス地帯に勢力を広げた頭曼には、冒頓《ぼくとつ》という名の長子がいた。頭曼はその冒頓を太子より廃絶し、当時寵愛していた閼氏《えんし》（匈奴の后妃）が産んだ少子を世継ぎとしようと考えていた。

その頃、匈奴の東には東胡、西には月氏という有力な種族が存在していた。とりわけ、月氏は河西地区からアルタイ山脈方面にかけて覇を称え、東西交易路の要衝を押えてきわめて強大であった。そこで頭曼は西隣の月氏に冒頓を人質として送り込んだ上でこれを急襲し、月氏の手で冒頓を殺させんと画策した。だが、頭曼の思惑とは裏腹に、冒頓は月氏の善馬を奪って匈奴に帰ったのである。敵の善馬を奪うということは、当時最高の武勇として称えられていた。頭曼は、冒頓の行いを壮としてかれに万騎を与え、事実上の継嗣、すなわち左賢王の地位に即かせたのである。

この間の事情は、当時の単于権が匈奴社会において一定の制約を受けていたことを物語っており、これについては第四章でくわしく述べることにする。

冒頓は、中国史書の一部に「墨毒」とか「墨突」などとも記されているが、これは当時の中国人が敵方の大将である冒頓を蔑むために書かれたもので、元来はbaɣaturすなわち勇者という意味のトルコ語の音訳である。かれにbaɣaturという名が冠せられたのは、月氏国脱出の一件に因んでいることを容易に読みとれるであろう。

万騎を与えられた冒頓は、鳴鏑《めいてき》を作って、「これで射たものを必ず従って射るべし」といって、みずからの軍団に訓練を施した。鳴鏑とは古来北方騎馬遊牧民に好んで用いられた矢で、オルドス地区よりいくつか発見されている。射ると音を発するので、この鳴鏑によって軍団を明確に識別できたものと思われる。

かれは、まず単于の善馬を射ることで部下たちを試した。次いで単于が寵愛していた閼氏を射て、躊躇するものがあればただちに斬り捨てて部下たちを訓練し、自己に忠誠を誓う強力な家臣団を作りあげた。そしてついに父頭曼を狩猟に誘って殺害した。ここにおいて冒頓は、父頭曼に連なる後母、諸弟および諸大臣を誅殺し、自立して単于となった（在位前二〇九～前一七四）のである。時に前二〇九年のことであった。

◈前三世紀の北アジア情勢

匈奴における冒頓による政権奪取は、周辺の諸民族に大きな影響を与えることとなった。ここで冒頓登場の頃の北アジアの情勢について、『史記』〈匈奴列伝〉の記述を参考に紹介してみよう。左の北アジアの勢力図でもわかるように、モンゴル高原の匈奴を中心に東は東胡、西は月氏の勢力が強盛であった。東胡は今日の中国の吉林、黒竜江省あたりに勢力を有していた遊牧・狩猟の民族で、戦国時代にはしばしば燕の北辺を侵略していたようである。

一方、西の月氏は、河西回廊より甘粛地区に勢力を有していた騎馬遊牧民で、シルクロードの要衝を占めて、当時内陸アジアではもっとも強盛であったといわれている。さらに北モンゴルからバイカル湖南辺にかけては丁霊《ていれい》（丁令、丁零）族がいた。かれらもまた狩猟・遊牧の民で後の鉄《てつ》勒《ろく》（六、七世紀のトルコ系諸族の総称）の前身にあたり、つねに北方から匈奴に脅威を与えていた。その他、イェニセイ河の上流域からセレンゲ河にかけては鬲昆《かくこん》（堅昆。キルギス族）、渾庾《こんゆ》、屈射《くつしゃ》、薪《しん》犂《り》などの諸種族が分布していた。

また、内モンゴルよりオルドス地帯にかけては半農半牧の楼煩、白羊《はくよう》がおり、河西回廊を越えた青海地区にはチベット系民族の氐《てい》、羌《きょう》が分布していた。氐、羌については近年中国甘粛地区の学者たちによって研究が進められてはいるが、その実態はまだ十分に知られていない。ただ、匈奴が漢を牽制し河西地区を政治的に支配する上で、かれらとの連係を重視していたことだけは

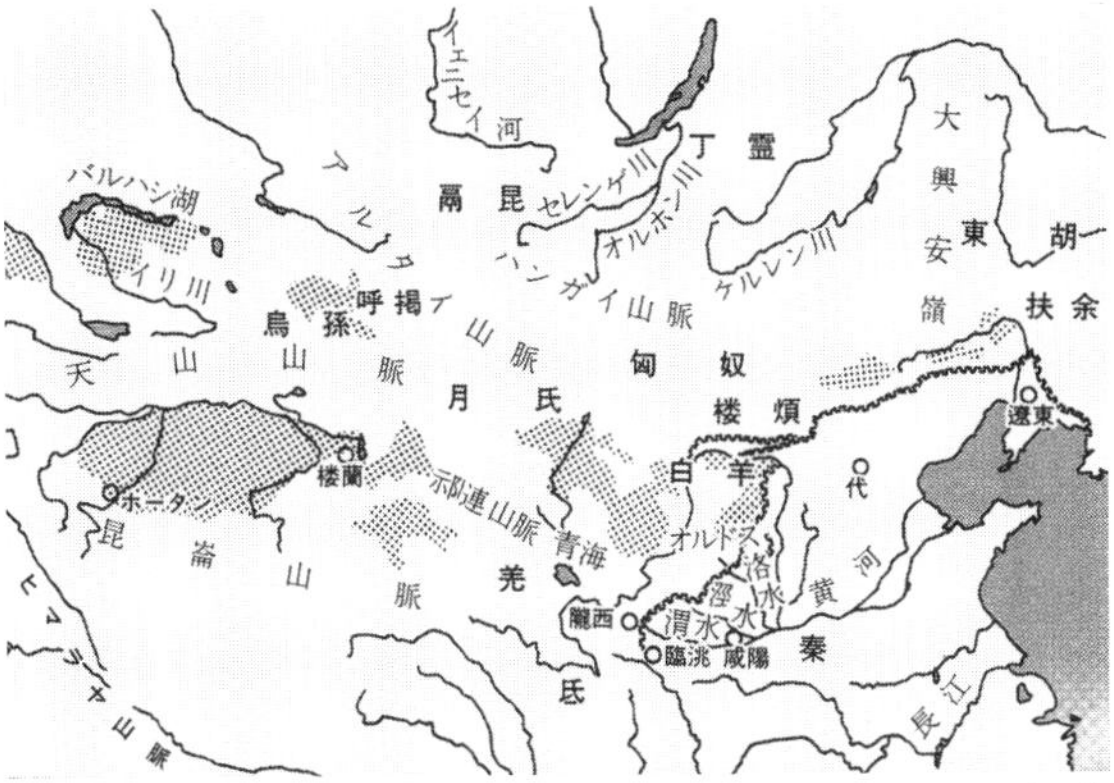

前3世紀頃の北アジア遊牧諸民族の分布

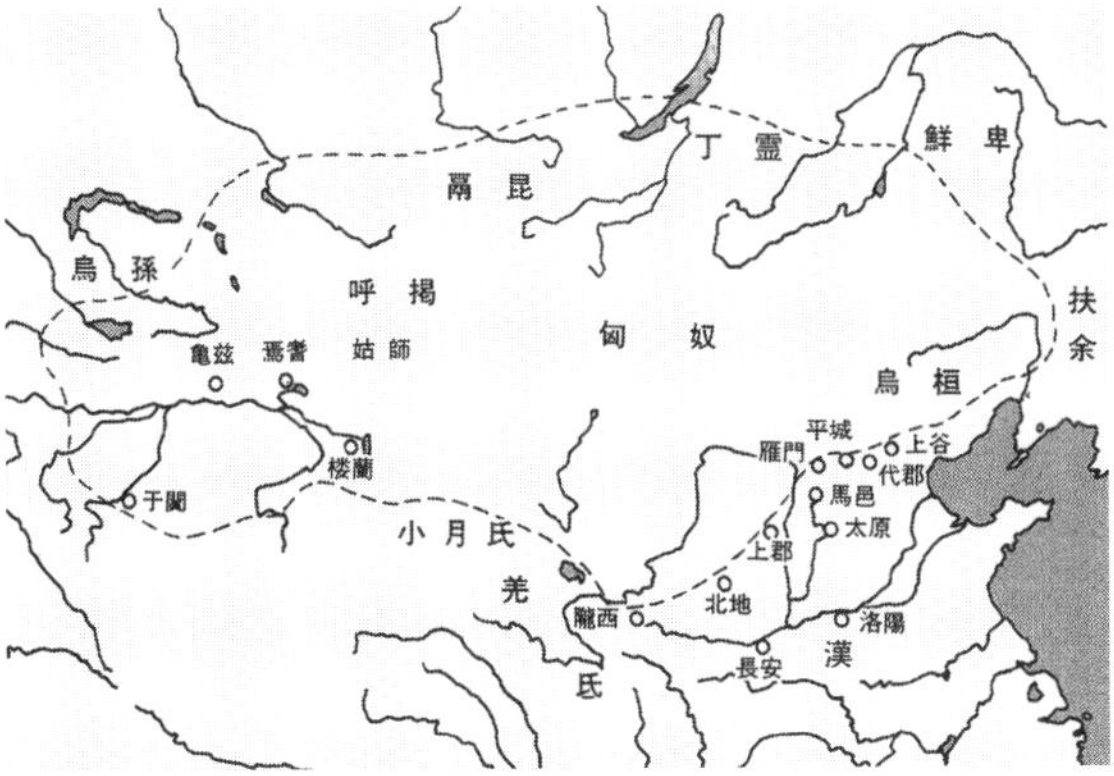

前2世紀頃の匈奴の最大領域

確かである。

この他、甘粛より北西では呼掲《こけつ》、烏孫《うそん》の各種族が遊牧生活を送っていた。呼掲は烏掲とも呼ばれ、しばしば中国の史書に登場する。唐代に突厥（六～八世紀に中央アジアを支配したトルコ系民族）と戦ったオグズの前身といわれているが、その実態は明らかではない。また、烏孫は匈奴とつねに誼を通じ、後に現カザフスタンのイリ川流域に移住して一大勢力を誇った遊牧民で、トルコ系ともアーリア系ともいわれている。烏孫については、後に触れる（六九頁参照）つもりでいるので、今は簡単な紹介に留めたい。

◈冒頓の雄飛

父頭曼を殺して単于の位に即いた冒頓に対し、東方で強盛を誇っていた東胡が、冒頓に揺さぶりをかけてきた。東胡王は冒頓に使者を送り、まず匈奴の宝といわれた千里馬（一日に千里を走破することができる馬）を求めてきた。冒頓は隣国との誼を重視して、これを与えた。これに増長した東胡は、次に冒頓の愛妾である閼氏の一人を求めてきた。こうした度重なる無法な要求に対し、臣下たちはこぞって反対したが、冒頓は「人と国を隣して、どうして一女子を惜しもうか」といって、愛妾をも東胡に与えた。これにより東胡王はますます冒頓を侮り、西進して匈奴との間にあった甌脱地《おうだつち》の割譲を求めてきた。冒頓がこの東胡の要求を群臣たちに相談したところ、あるものは「これは棄地であり、与えるもよく、与えぬもよい」と答えたという。だが冒頓は大いに怒り、「土地は国の本である。どうしてこれを与えることができようか」といい、全軍に号令して東胡を急襲し、その王を殺して人民、家畜を掠奪した。

一般的に、遊牧民は農耕民に比べて土地への関心がきわめて希薄であるといわれている。農耕民の場合、土地とその上に成立した農民が、水利権に依拠した共同社会を形成して、固定的・排他的な人間関係を作り出す。これに対し、遊牧民は比較的自立した家族が中心となって、それを基礎として互いに助けあう組織を形成する。つまり、両者は土地との関わりあいが異なるのであって、遊牧民とてけっして土地＝牧草地を軽視していたわけではない。

甌脱地とは、互いに境を接する遊牧民が、無用な争いを避けるべく各々守備兵を配置した中間地帯で、『史記』『漢書』などの古注には、土室、土穴などと記されている。かれらがこうした甌脱地を設けていたのも、水源を持つ牧草地を恒常的に確保するためであって、移動生活を業とする遊牧民の生活とけっして矛盾するものではなかった。

その後冒頓は、東胡討滅の勢いに乗って西方の月氏を敗走させ、中国の混乱に乗じてオルドスの地に侵入し、そこにいた楼煩、白羊を併合すると、さらに漢の領土である燕、代の地を侵すに至ったのである。

◈平城の恥

冒頓が北アジア全土を併合していた頃、中国でも統一の機運が熟していた。すなわち沛の豊邑（江蘇省豊県）より身を起こした劉邦は、好敵手項羽を垓下（安徽省泗県）で滅ぼして天下に号令し、皇帝として即位して、漢の高祖（在位前二〇二〜前一九五）と称した。時に前二〇二年のことである。

中国全土を統一した高祖は、匈奴に備えるべく猛将韓王信を代の地馬邑《ばゆう》（山西省朔県）に移した。だが、日頃より匈奴の騎馬軍団の恐ろしさを肌で感じていた韓王信は、高祖からの匈奴討伐命令に背いて、和平の道を求めた。これが漢帝室には裏切りと映り、窮地に追い込まれた信は副将の王黄らとともに匈奴に降ったのである。

この韓王信の匈奴への投降は、中国北辺の情勢を一変させた。かねてより馬邑、太原の攻略を狙っていた冒頓は、韓王信の兵の支援も得てこの地に四〇万の大軍を発した。一方高祖は三二万の軍団で平城（山西省大同の東）にこれを迎え撃ったのである。だが高祖の本隊は、冒頓の巧みな戦略にかかって孤立し、白登山で七日間飢えに苦しんだのであった。白登山の戦い、すなわち世にいう「平城の恥」である。

『史記』の〈匈奴列伝〉では冒頓の精兵を四〇万騎としているが、別の個所では「弓を引くもの三十余万」と記されており、その数値は信用できない。ただ重要なことは、当時の匈奴騎馬軍団が、西方は白馬、東方は青駹馬《せいぼう》（白面の黒馬）、北方は烏驪馬《うり》（黒馬）、南方は騂馬《せい》（赤黄馬）と組織されていたことである。これらの名称が馬の毛色をそのまま映し出したものであると断定することはできないが、きわめて組織的な騎馬軍団であったことは確かであろう。

結局、高祖は閼氏に手厚い贈物をして、その包囲の一角を解かせることによってこの危機を脱し、命からがら都長安に逃げ帰った。このときの逸話として、高祖の使者が冒頓の閼氏に対して「中国には美女が多いので、もしも貴女の旦那様が中国を征服したら、貴女は必ず廃されるでしょう」といって閼氏の嫉妬心を煽ったことが伝えられている。この逸話は作り話であると切り捨てる人もあるが、高祖が匈奴の囲みを解かせる際に閼氏を利用したことは、戦場においても閼氏の意見は無視しえないものであったことを示している。このことは、匈奴の政治において閼氏の出身氏族の力が無視できないことを示している。この点については、第四章で詳述したい。

◈漢と匈奴の関係

平城の地で匈奴に辛酸を嘗めさせられた高祖は、初めて匈奴の実力を思い知らされ、早速郎中の劉敬を匈奴に遣わして和平を求めた。このとき漢と匈奴の間で交わされた約束は、次のとおりである。

①漢帝室の女を公主(皇女)とし、単于の閼氏として差し出す。
②毎年漢は匈奴に絮《まわた》、絹、酒、米などを献上する。
③皇帝と単于との間に兄弟の盟約を結んで和親する。

この約束で重要なことは、漢と匈奴の間に兄弟の盟約が結ばれたことである。いうまでもなく、中国は中華思想の国である。その中国にとって、たとえ形式的には漢皇帝が兄、匈奴単于が弟となっているとはいえ、これまで戎狄として蔑んでいた匈奴を対等な相手として認めねばならないことは、屈辱以上の何ものでもない。今、この間の両者の関係を象徴する事件を紹介してみよう。

高祖が崩じて恵帝（在位前一九五〜前一八八）が即位すると、冒頓は呂太后（高祖の皇后。?〜前一八〇）に「自分（冒頓）も高后（呂太后）もお互い独身だから、よろしくやろう」という文面の書状を送り届けてきた。もちろん、外交上考えられない無礼な文面である。この書状に怒った呂太后は匈奴を討たんとしたが、諸将が「高祖のような賢武な方でも、なお平城で苦戦されたではありませんか」といって思いとどまらせたのである。先の「平城の恥」が、いかにその後の漢と匈奴の関係に影響を及ぼしていたかは、この一件からも明らかであろう。

次の老上稽粥《ろうじょうけいいく》単于（在位前一七四〜前一六〇）のとき、漢は匈奴に送る国書に一尺一寸の木牘を用いたのに対し、匈奴は一尺二寸の木牘を用いて、「天地の生むところ、日月の置くところの匈奴大単于、敬みて漢の皇帝に問う、恙《つつが》なきや」と書き送ったという。これは、匈奴の方が漢よりも上位であることを、外交上示したものであったが、漢はこの屈辱を受容せざるをえない状況にあった。堀敏一は、この間の両者の関係を、漢は匈奴を「隣国の敵」として扱って、匈奴との間に対等な関係を維持しようと努めていたといわれるが、これは中華思想を標榜する漢の哀れな見栄の現れであったかも知れない。

◈月氏の原住地

東胡を滅ぼし漢を退けた匈奴が、名実ともに北アジアの覇者となりえたのは、最大の対抗者月氏を討滅した以降である。古来より月氏は周の成王の時代に騊駼《とうと》と称する獣を献上した禺氏《ぐし》なる種族(『逸周書』〈王会篇〉)に比定されているが、これが事実とすれば、月氏なる民族の出自は相当に古いといえよう。かれらは、周代の中国人には玉の産地を領する西北の戎として知られていた。名高いホータン(新疆ウイグル自治区和田)の玉はかれらを通じて中国に輸入されたようで、玉門関の名称はこうした事実に因んでつけられたともいわれている。

従来、月氏の原住地は、司馬遷の「初め月氏は、敦煌と祁連《きれん》山の中間にいた」(『史記』〈大宛列伝〉)という記述をよりどころに、今日の甘粛省の西端と考えられてきたが、どうもそうではないらしい。月氏の勢力の中心を西北モンゴリアと指摘したのは和田清であるが、これをより精密に論証したのは榎一雄である。榎は、冒頓が台頭し始めたころの月氏は、モンゴル高原および天山北麓よりタリム盆地に及ぶ大勢力であった。甘粛月氏はその東端の一部にしかすぎず、この時の月氏の移動とは西北モンゴリアの放棄・撤退であると考えた。

月氏に関する研究は、文献上においては史料的制約による限界がある。仰韶文化(黄河中流域に栄えた新石器時代晩期の農耕文化)の発見で知られるスウェーデンのアンダーソン博士が、一九二三年に発見した戦国末期から漢初にかけて河西地区で発達した青銅器文化は沙井文化と称されている。一部の中国人研究者は、この沙井文化を月氏の文化に比定している。また、この文化は前・

後期に分けられているが、後期の楡樹溝遺跡の青銅器は、匈奴の手になるオルドス青銅器との類似が極めて著しい。これを匈奴の月氏討滅と関連付ける研究者もいる。いずれにせよ、今後の月氏研究はこの地域における考古学的な成果に委ねられねばならない。

◈月氏討滅と西域支配

西方にいた月氏を執拗に攻撃した冒頓は、前一七六年（文帝四）、月氏に決定的な打撃を与えたようである。この間の北方情勢を、冒頓は漢の文帝（在位前一八〇～前一五七）に宛てた書状の中で、

今我は、小吏が盟約を破ったかどで右賢王を罰し、かれに命じて西方に月氏を討たせた。天の加護と吏卒の優良と馬匹の強力とによって月氏を滅ぼし、これをことごとく斬殺し降服させ、楼蘭、烏孫、呼掲および近隣の二十六ヶ国を平定し、その地をみな匈奴に合わせた。かくして、諸々の弓を引く民は合して一家となり、北方の州はすでに安定した。

と伝えている（『史記』〈匈奴列伝〉）。

ここで注目されるのは、月氏討伐に続いて楼蘭、烏孫などを併合したという記事である。これは、裏返せばこのときまで月氏がこれら西域諸国を支配していたことを意味しており、西域南道の玉の交易を月氏が独占していたことが裏づけられよう。

先の書簡によれば、匈奴はこの前一七六年の討伐によって月氏を滅ぼしたということになるが、実際にはこのときの冒頓による月氏討伐は、月氏族をして南北に分散させる結果となった。すなわち、その主力は天山山脈の北側より今日のイリ方面に移住した。一方、一部のものは今日の甘粛、青海地区に残存し、原住民羌族らと混合して小月氏と呼ばれるようになったのである。天山山脈の北に移動した月氏の主力部隊に追い討ちをかけたのが、冒頓の子老上単于である。因みに桑原隲蔵博士は「張騫の遠征」（『桑原隲蔵全集』三、岩波書店、一九六八）の中で、『漢書』〈匈奴伝〉に「後四年老上死す」とあるのは文帝の後元四年（前一六〇）のことで『史記』〈匈奴列伝〉の記載は誤りであるとし、老上の在位年代を前一七四〜前一六一年としている。

老上単于による月氏追討の年代は明らかではないが、かれが月氏王の首を刎ね、酒宴においてその頭蓋骨を酒杯として用いたことはあまりにも有名である。この風習はユーラシア諸族の間で広く行われており、敵の首領の首を酒杯にすることにより、みずからの強さを誇示する意味があった。しかし、これが月氏の遺民たちの怨みを買い、後に武帝によって漢・月氏連合による匈奴挟撃作戦が生み出されたのである。

ともあれ、冒頓、老上の二代にわたる月氏追討によって、匈奴「国家」のその後の発展の基礎が築かれたのである。なぜなら、当時最大の東西交易路であった西域地区を月氏の手より奪いとったことにより、自動的に東西交易路の商業権を掌握した匈奴は、「国家」の経済的な基盤を固めることができたからである。

第二章

匈奴と漢の攻防

一──漢との対立

◈武帝の即位

前二〇〇年(高祖六)の「平城の恥」(白登山の戦い)以降、漢は高祖の遺言を守って一貫して匈奴との戦いを避けてきた。このような漢の対匈奴和親策は、文帝、景帝(在位前一五七～前一四一)の時代に一層強化され、匈奴との間の条約によって定期的な交易場である「関市」(一〇一頁参照)を設けて民間交易をも促進し、公主を遣わして匈奴を厚遇し続けた。それにも関わらず、匈奴の漢への侵寇はけっして止むことがなかった。こうした匈奴との関係を断ちきったのは七代皇帝の武帝(在位前一四一～前八七)であった。

武帝は一六歳の若さで皇帝に即位した。景帝の九番目の皇子で名を劉徹と言った武帝が、皇帝の位に即くことができたのは、皇后陳氏の母館陶長公主の尽力によるものであるが、かれが皇帝としての天命を若くして備えていたからであるともいわれている。事実、かれは即位したとき、群臣たちを前にして「自分は生まれながらの皇帝である」と語り、みずからの絶対性を強調した。

漢建国初期は、皇帝と家臣団との間に国を築き上げた戦友という側面があったが、武帝に至り皇帝と臣下の間に明確な線引きが敷かれたのである。

武帝が即位したときの漢は、「都会と農村の穀倉はみな満ちて、府庫は貨財を余していた」（『史記』〈平準書〉）といわれるほど国家も民も豊かであり、匈奴との戦闘に必要な財源は十分に用意されていたのである。こうした財源による裏付けが、父祖以来の匈奴への屈辱的な外交政策の転換を可能にしたのである。

◈張騫の遠征

理想に燃えた若き皇帝武帝は、日頃より匈奴を攻め滅ぼして、父祖以来の屈辱を晴らしたいと考えていた。そのかれに、ある日思いがけない情報が飛び込んできた。それは捕虜としていた匈奴兵士が、

匈奴は月氏王を破って、その王の頭蓋骨を酒器とした。月氏の民は西に逃れたが匈奴を怨み、自分たちとともに匈奴を挟撃する国をいつも探している。

と答えたことである（『史記』〈大宛列伝〉）。この情報を得た武帝は、匈奴を討つ好機であると喜び、月氏との連合軍による匈奴挟撃作戦を企てた。これが中国古来の兵法である「遠交近攻」の策に

よることはいうまでもない。

だが、この作戦を成功させるには、月氏を説き伏せられる人物が必要であり、その任務は非常に危険でかつ困難であった。果たしてこの困難な任務を果たすことができるものがいるだろうかと、武帝は不安であった。だが、この武帝の願いを叶えてくれる人物が現れた。それは、当時無名の張騫《ちょうけん》であった。

張騫の事績については、『史記』〈大宛列伝〉および『漢書』〈張騫伝〉にくわしく伝えられている。本書は、匈奴の全史を叙述することが目的であるゆえ、張騫の人となりについては他書に譲るとして、今本書の主旨に関係する部分のみ拾い出して紹介してみよう。

張騫が従者の甘父《かんぽ》以下百余人を伴って長安を出発したのは、前一三九年(建元二)の春のことである。当時、月氏の地に赴くには、どの経路を選択するにせよ、匈奴の勢力圏を通過しなければならなかった。それゆえ、隴西(甘粛省)を出て今日の河西回廊に入ると、一行はたちまち匈奴に捕えられた。単于のもとに送られて、厳しく訊問された張騫は、単于にみずからの使命を正直に告げた。これに対して時の軍臣単于(在位前一六〇~前一二六)は、

月氏の国は匈奴の北にある。今どうして漢の使者を月氏に行かせられようか。それでは、どうぞ挟撃して下さいというようなものだ。もし私が漢の南の越の国に使者を送ったら、漢はどうして許すだろうか。

といって張騫らを引きとめたのである。驚くべきことに、漢の南に越の国が存在していることを単于は知っていた。おそらく、当時匈奴に投降した漢人より得た情報だと思われるが、遊牧民の情報網の広さを示すものとして興味ある話である。そもそも、遊牧民は情報源をきわめて重視する。単于が張騫を殺すこともなく、かれに妻も与えて厚遇したのも、張騫を有能な漢人として、また貴重な情報源として利用せんがためであった。

長きにわたる匈奴での抑留生活にも関わらず、張騫の信念は揺らぐものではなかった。『史記』〈大宛列伝〉に、

〔張〕騫は留まること十余歳、妻を与えられて子をもうけた。けれども騫は漢の節を持して失わなかった。匈奴中にいるうちに、しだいに〔監視が〕緩んだ。そこで騫はその部下と逃げて月氏に向かった。

と述べられているように、張騫は匈奴に留まること一〇年余りで機を見て匈奴の地を脱出し、月氏を求めて西に旅したのであった。そのとき、張騫に伴ったのは、匈奴で得た妻と騎射に秀でた従者の甘父のみであったと伝えられている。

だが、張騫の匈奴抑留中に中央アジアの情勢は大きく変わっていた。老上単于の追撃によって

天山山脈の北よりイリ地方に移住したと思われる月氏は、当時匈奴の麾下に属していた烏孫によってさらに西に追いやられた。かれらは西進して、大夏（バクトリア。今のアフガニスタン北部）を征服し、大月氏国と称して西トルキスタンに安住の地を得ていたのである。

張騫ら一行は、苦労を重ねて探し求めた大月氏の国に到着した。早速大月氏王に会って、漢と大月氏との攻守同盟を力説した。だが月日の経過は、大月氏の匈奴への怨みを消していた。大月氏との連合による武帝の匈奴挟撃作戦は空しい夢と消えた。一年余り大月氏の地に滞在した張騫は、使命を果たせぬまま傷心のうちに帰国の途に着いたのである。

帰国の途も、けっして楽な旅ではなかった。『史記』〈大宛列伝〉に「還りは南山に沿って、羌中より帰らんとした」とあるように、張騫は匈奴を警戒して西域南道より青海地区経由の道を選んだのである。だが張騫はその地で当時匈奴と誼を通じていたチベット系の羌に捕われ、再び匈奴の地に連行された。しかし、かれの運はまだ天に見放されていなかった。なぜなら、匈奴国内に起こった争乱に乗じて、張騫は脱出することができたからである。

張騫が、月氏からの長旅を終えて漢の長安に着いたのは、前一二六年（元朔三）のことである。足かけ一三年にも及ぶ大旅行であった。

◈伊稚斜単于の登位

張騫が乗じた匈奴の内乱とは、軍臣単于の死による後継者争いであった。この間の事情として

『史記』〈匈奴列伝〉は次のように伝えている。

その冬（前一二六、元朔三）、匈奴の軍臣単于が死んだ。その弟の左谷蠡《こくり》王伊稚斜《いちさ》が自立して単于となり、軍臣単于の太子於単《おたん》を攻めて破った。於単は逃げて漢に降った。漢は於単を陟安

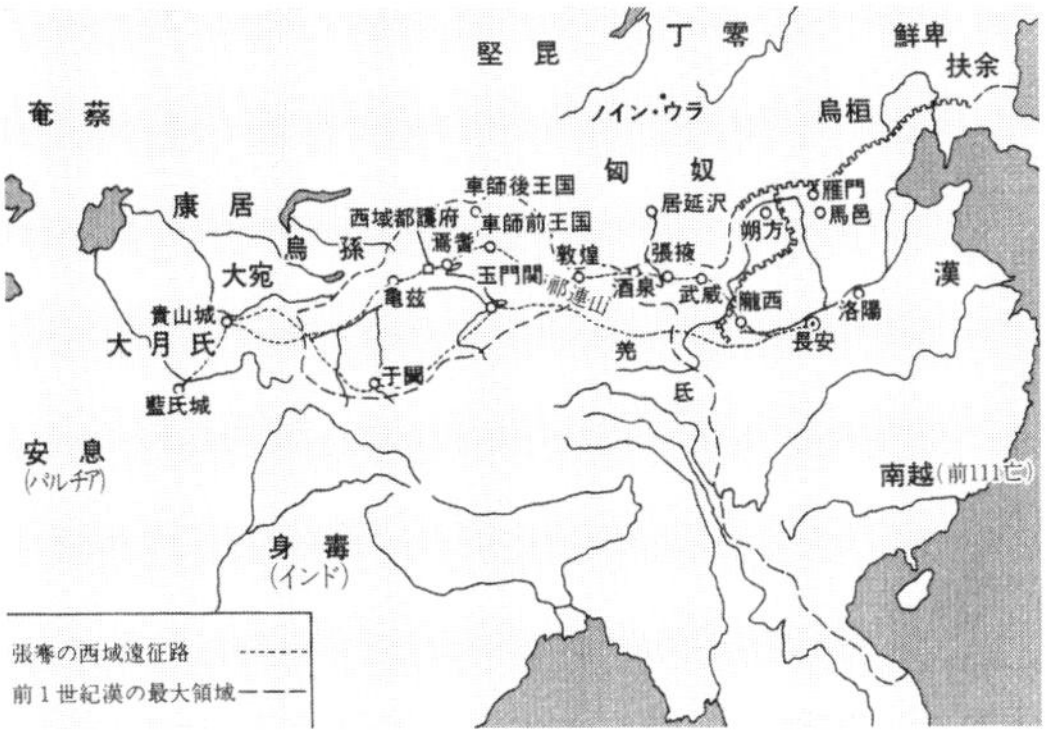

張騫の西域遠征

侯に封じたが、数ヶ月で死んだ。

軍臣単于の登位は前一六〇年のことであるから、その治世は三四年の長きにわたった。それまで匈奴の単于位は、頭曼より冒頓・老上を経て軍臣に至るまでいずれも長子によって相続されていた。ところがこのときばかりは、軍臣の子ではなく、その弟の伊稚斜(在位前一二六～前一一四)によって継承されたのである。その事情について史料は黙して語らないが、軍臣の晩年、漢の攻勢によって匈奴国内に危機感が募っていたことは容易に想像できる。

軍臣の太子於単は、漢に亡命して数ヶ月で死んだとあるように日頃より病弱だったようである。匈奴の領民によって、太子於単は、軍の最高司令官たる単于の地位には不適であると判断されたのかも知れない。単于登位後、伊稚斜が連年にわたって漢の北辺を侵略していることから見ても、かれの好戦性・勇猛性が如実に窺われる。これが匈奴国内の主戦論者の支持を得たのであろう。だが、それまで長子相続の原則を重視してきた匈奴がその原則を一部破ることは、国内に新たなる火種を醸し出すこととなった。

◈馬邑城事件

大月氏との攻守同盟による匈奴挟撃作戦は、青年皇帝武帝の匈奴撃滅作戦の要であり、またかれの夢でもあった。だが張騫が前一三九年に漢を出発して以来、その動静はまったく不明であった。とはいえ、血気盛んな武帝が匈奴との戦いに手を拱いていたわけではなかった。

武帝の即位当初、漢と匈奴の交易は関市を通じてきわめて盛んであったといわれている。それゆえ、匈奴は漢と親しみ、単于以下多くの牧民が長城付近を往来していた。こうした状況を知った武帝は、馬邑城の財物を囮とし、聶翁壱《じょうおういつ》なる人物を使って匈奴を誘い出し、城下で単于を討ちとろうとしたのである。

時の軍臣単于は一〇万騎を率いて武州(山西省左雲の南)の塞に侵入してきた。このとき漢の兵三十余万が待ち伏せていたが、馬邑に到着した単于は、家畜が多数放牧されていながら人影が見当たらないことを不審に感じた。折から雁門の尉史が単于に捕えられ、伏兵の居場所を白状したので匈奴は撤退し、この策略は失敗した。時に前一三三年(元光二)のことである。この事件以降、匈奴は漢との和親を断ち、しばしば漢の辺境を侵したのである。

◈漢の河西攻撃

この馬邑城事件は、匈奴に対する漢の全面的な宣戦布告であった。前一二九年(元光六)、漢は衛青を始め四人の将軍を、河西地方に派遣して匈奴を討たせた。この作戦は、衛青の活躍でオルドスの地を得て朔方郡を置く(前一二七)という成功を収めたが、それも一時的なもので、匈奴との戦いは一進一退であった。

匈奴との戦いに苦戦を強いられていた武帝にとって、張騫の帰国(前一二六)は暗闇の中に一筋の光明をもたらすものであった。武帝の喜びは尋常ならざるもので、かれが毎日のように張騫を宮廷に呼び出して、西域をはじめとした西方事情を聞いたことを『史記』は伝えている。大月氏との同盟という直接の目的は果たしえなかったものの、武帝にとっては張騫より告げられる情報の一つ一つが新鮮であった。張騫の派遣はけっして無駄ではなかったと武帝は思った。

張騫の報告の中で、武帝が特に興味を示したのは西域諸国の動静であった。当時、西域と呼ばれる地域には、天山山脈やタクラマカン砂漠の周辺に三六ヶ国があったといわれているが、実数は定かではない。武帝は何とか西域との交通を開きたいと考えた。

張騫より得た情報で勇気を得た武帝は、その全軍を河西の地に向けた。いうまでもなく、河西は匈奴の西部地区の前線基地であり、西域に通ずる要衝の地であった。それだけにこの地の攻防は、漢と匈奴の双方にとって今後の戦いの死命を制するものでもあった。前一二四年（元朔五）、その翌年および前一二一年（元狩二）の戦いは、両軍の戦死者数万を超す壮絶なものであった。これらの戦いで大きな戦果を得たのは漢側であって、匈奴は河西地区より一時撤退せざるをえなくなったのである。

◈霍去病の活躍

漢にとって匈奴との戦いを語る上で特筆されるのは、驃騎《ひょうき》将軍霍去病《かくきょへい》の活躍である。霍去病は大将軍衛青の姉の子で、因みに武帝が寵愛した衛子夫は、かれの叔母に当たる。一八歳にして天子の侍中となり、剽姚校尉《ひょうようこうい》に任ぜられた。侍中とは天子の身辺雑用の世話をする官で、当時は大変名誉ある職として羨望の的であった。このことからも霍去病が若いうちから武帝に寵愛されていたことがわかろう。

霍去病の人となりについて、司馬遷は「性来口数が少なく、秘密を守り、意気軒昂にして、みずから進んで事にあたった」と述べている。霍去病が性来の武人であることを示す逸話として、武帝がかれに孫子・呉子の兵法を教えようとすると、「どんな方法策略を採るかをよく考えればよろしいので、別に昔の兵法など学ぶまでもありません」と答えたことが伝えられている。また、武帝がかれに邸宅を与えようとすると、「匈奴はまだ滅んでおりません。邸宅など必要ではございません」と答えたともいう(『史記』〈衛将軍驃騎列伝〉)。

かれは騎射に巧みで大将軍衛青麾下で数々の戦功を挙げた。前一二一年(元狩二)春、驃騎将軍に任ぜられると、一万騎を率いて匈奴の西部陣営を襲撃し、一万八〇〇〇にも及ぶ首級・捕虜を得た。また、このときかれは休屠王が天を祭る際に用いた金人(黄金の像)を奪い取っている。この年の夏の霍去病の活躍は、その後の対匈奴戦争の行方を決するほどであった。この間の大戦果を、『史記』〈衛将軍驃騎列伝〉は、

驃騎将軍(霍去病)は居延水《きょえんすい》(寧夏回族自治区の西北部)を越え、ついに小月氏(甘粛)の国を過ぎ、祁連山を攻めて酋涂王《しゅうと》を捕え、敵の首を斬り捕虜とすること三万二百級、五人の王とその母

と、単于の閼氏、王子五十九人、相国、将軍、当戸、都尉六十三人を捕え、敵兵力のおよそ十分の三を減じた。

と記録している。

このとき博望侯《はくぼう》に封ぜられていた張騫も大将軍衛青に従軍しているが、かれによって逐一もたらされた匈奴西部地区の情報が、漢の戦勝に大きく貢献したことはいうまでもない。

◈匈奴渾邪王の投降

霍去病の戦略は巧みであった。かれはけっして武力のみで匈奴を攻略したわけではなかった。その頃、匈奴西部地区の防衛の任にあたっていた渾邪《こんや》王は、伊稚斜単于より敗戦の責任を追及されていた。これを恐れた渾邪王は、隣接地区を支配していた同輩の休屠王を殺して、数万の兵とともに漢に投降した。このとき渾邪王を迎え入れたのは霍去病であり、渾邪王投降の裏にかれの画策があったことが容易に推察される。

渾邪王の投降は、匈奴西部陣営の崩壊を意味した。武帝は渾邪王に一万戸の封邑を与えて漯《と》陰侯《いん》とし、その副王呼毒尼《こどくに》を下摩《かま》侯として厚遇した。『漢書』〈地理志〉では武威郡が「匈奴休屠王の故地」、張掖郡が「匈奴渾邪王の故地」とされており、河西地区の領有権が匈奴から漢へと移行したことが窺える。それればかりか、かれらの投降は、匈奴と連係して漢を悩ませていたチベット系の西羌を牽制する役割をも果たすこととなった。

さらに前一一九年(元狩四)、衛青と霍去病は各々五万騎を率いてゴビ砂漠を突き進み、単于の本拠地を急襲した。この記事より、当時の匈奴単于の本拠地は、オンギ川が流れる今日のウブルハンガイ県あたりと推定される。

衛青は首級と捕虜一万九千を得、単于が行方不明となって右谷蠡王が一時的に単于を称するなど、匈奴軍は大混乱に陥った。一方、霍去病は左大将を中心とする匈奴の東部部隊と遭遇し、敵の諸王、部衆七万余を捕える大戦果を挙げた。そのときの恩賞は霍去病の軍に厚く、衛青の部下たちには何もなかったため、部将の多くは霍去病の配下になることを望んだという。

その霍去病が二三歳の若さで没したのは、前一一七年(元狩六)のことである。武帝がいかに霍

武帝の陵・茂陵に立てられた匈奴の捕虜を踏み付ける石馬(渡部英喜氏撮影)

茂陵の傍らに築かれた霍去病の墓(渡部英喜氏撮影)

去病を寵愛していたかは、かれが当時建造中だった自分の陵の傍らに、霍去病の墓を造らせたことからも窮い知ることができる。

ともあれ、衛青と霍去病の活躍により、漢は匈奴を河西地区より駆逐し、その本拠を遠くゴビ砂漠の北に移らせた。やがて、漢は前一一五年（元鼎二）から前七三年（本始元）頃の間に武威、張掖、酒泉、敦煌のいわゆる河西四郡を設置し（設置されたのは河西〔張掖〕、酒泉、敦煌、武威の順であるがその設置年代には種々異説がある）、河西地区の確保を進めていった。

◈匈奴の北方撤退

霍去病らの活躍による漢の河西地区制覇は、匈奴と西羌の間の連絡を分断し、都長安と西域を結ぶルートの確保を容易にさせた。これにより匈奴は翰海《かんかい》（ゴビ砂漠）の北に逃れて、単于庭（単于の本拠）を砂漠の南に見ることはなくなったといわれている（『史記』〈匈奴列伝〉）。

この間の戦いで、匈奴は焉支山《えんし》と祁連山脈より駆逐され、大きな損害を被ることになった。当時、匈奴で流行した、「我が祁連山を失い、我が六畜をして蕃息せざらしむ。我が焉支山を失い、我が婦女をして顔色なからしむ」という民謡は、匈奴の民の深い悲嘆を鮮やかに描き出している。

匈奴の北方撤退は、漢側の攻勢にもよるが、主たる要因は好戦的な伊稚斜単于の死（前一一四）によるものと思われる。事実伊稚斜の在位中には、ほとんど毎年のように漢の北辺への侵入が挙行されており、それも前一二五年（元朔四）に代表されるように大規模なものが多かった。しかし、伊稚斜を継いだ烏維《うい》（在位前一一四～前一〇五）の時代には、漢への侵入がほとんど見られなくなる。これは伊稚斜の登位事情と関係があると思われるが、この点については第四章にて詳述する。ともあれ、こうした匈奴側の事情の変化が、以下に述べる漢の西域進出、さらには李広利《りこうり》の大宛遠

画像石に描かれた漢と匈奴の戦い
（林巳奈夫『石に刻まれた世界』東方書店、一九九二）

祁連山（渡部英喜氏撮影）

征を可能ならしめたのであった。

漢の西域進出

武帝が河西攻略作戦を執拗に進めたのは、漢の西域への出口を求めるためでもあった。今や匈奴の勢力は衰えた。武帝の西域支配という夢は、現実のものとなりつつあったのである。

以前、張騫は月氏との同盟の代わりに天山山脈北方のイリ川流域、イッシククリ湖畔の遊牧民烏孫を、河西地区に招致することを武帝に提案していた。

好奇心豊かな武帝は、早速張騫に烏孫行きを命じ従者三〇〇人を与えた。だが当時の烏孫王は老齢であり、国内には匈奴に親しみを感じるものが多くて、烏孫の河西招聘はならなかった。張騫は副使を大宛、康居《こうきょ》(キルギス・カザーフ草原の遊牧民)、大月氏、大夏、安息(パルチア)、身毒(インド)などに派遣し、漢との使節の往来を求めさせた。この頃より、葡萄、苜蓿(うまごやし)、琵琶などの西域の物産が中国に伝えられたとされている。

漢の大宛遠征

張騫の西域のみやげ話の中で武帝がもっとも心を惹かれたものは、次の件であった。これについて司馬遷は『史記』〈大宛列伝〉で次のように記述している。

大宛は匈奴の西南、漢の真西にあたり、漢と隔たること一万里ばかりのところにあります。その風俗は、土着して田畑を耕し、稲や麦を植えて葡萄酒を産します。また、血のような汗をかく良馬を多く産します。その祖先は天馬の子であるといわれます。城郭、家屋があり、その属邑は大小七十余城、その民衆は数十万。武器は弓や矛で騎射を得意とします。

それまでの匈奴との戦いで、武帝は匈奴の騎馬軍団の機動力に手を焼いていた。それは匈奴馬に比べて、漢馬が機動性・耐久性で著しく劣っていたからである。匈奴馬を上回る馬が欲しい、これが当時の武帝の最大の願いであった。張騫の話を聞いて、武帝はこの願いが叶うと思ったに違いない。早速大宛に、壮士、車令(官名)らの特使を遣わし、名馬を求めたのである。

当時大宛では、名馬を弐師《じし》城に集めて養っていた。特使らは千金と黄金製の馬を大宛王に贈って、弐師城の良馬を求めた。大宛王は漢が財物豊富な大国であることを知ってはいたが、漢は遠方にあって大軍など派遣できるはずがないと思い、漢に良馬を与えることを拒否し、漢使を東隣の郁成《いくせい》という国で殺して財物を奪ったのである。

これに激怒した武帝は、当時寵愛していた李氏の兄李広利を総司令官に任命し、弐師将軍という称号を与えて、大宛攻撃を命じた。だがこの遠征軍は、「道は遠く、食料が乏しいことが多く、士卒は戦を厭わなくとも、飢えに患った。人員も少なく、〔大〕宛を抜くには足りなかった」(『史記』〈大宛列伝〉)と記されたように、戦わずして飢えと病気に敗れたのである。

◈名馬来たる

このような失敗を武帝が許すはずがなかった。敦煌まで引き返した李広利の軍を玉門関に留め置き、関門を通過することを許さなかった。そのうえ、武帝は群臣の反対を押し切り、再度の大宛遠征を李広利に命じた。このとき罪を得て辺境に流された悪少年や辺境の騎兵六万、牛一〇万、馬三万などを李広利に与え、後詰めとして酒泉、張掖に一八万の大軍を配置した。この規模からも、武帝がいかにこの遠征に力を注いでいたかがわかるであろう。

漢軍は弐師城に井戸がないことを衝いて、水路を変えて城内を枯渇させる作戦に出た。この作戦は功を奏し、大宛の貴族たちは国王毋寡《ぶか》を殺して講和を申し出た。漢は昧蔡《まつさつ》というものを傀儡王として立て、大宛を降服させたのである(前一〇四、太初元)。この戦勝により、漢は善馬数十四、中馬以下三千余匹を得た。

このとき武帝は、

天馬来たる　西極より
万里を経て　有徳に帰す
霊威を承け　外国に降る
流沙を渉《わた》り　四夷は服す

という歌を詠み、みずからの喜びを素直に表した。

漢の大宛遠征を、後世の知識人たちは専制君主武帝の道楽として非難した。だが、それはけっして武帝のわがままからだけではなかった。この遠征には、西域を始めとするトルキスタン諸国に漢の力を示す効果があった。

やがて楼蘭などの西域諸国はいうに及ばず、安息、康居、大益(後の大食。シリアのアラビア人)など西方諸国まで漢に朝貢するようになり、漢の威光は中央アジアおよび西方諸国に及んだのである。

西域への門戸・玉門関
(渡部英喜氏撮影)

二――匈奴内の漢人と匈奴の内紛

◈匈奴内の漢人

河西地区における半世期にも及ぶ匈奴と漢の抗争は、漢の圧倒的な勝利に終始したわけではない。その後の趙破奴《ちょうはど》(前一〇四)、李陵(前九九)、李広利(前九〇)の相次ぐ敗北と投降は、武帝の西方進出の野望を一時的に挫くものであった。

話は前後するが、ここで匈奴における漢人たちについて触れてみよう。先にも述べたように、匈奴は高位高官の漢人たちの投降を積極的に受け入れていた。それは、かれらがかなり高度な情報を匈奴の王廷に提供したからである。匈奴内の漢人は、節を曲げずに拘留された張騫、蘇武《そぶ》、路充国《ろじゅうこく》らは別として、その多くは漢帝室の不当な仕打ちに対する不満からの投降であった。冒頓時代の韓王信、盧綰《ろわん》、老上時代の中行説《ちゅうこうえつ》、伊稚斜時代の趙信《ちょうしん》らは、漢軍との戦闘における参謀として重要な役割を果たした。

特に中行説は、漢との外交交渉において、漢使を弁舌でやりこめ、匈奴への貢物を大量に引き出すことに成功したばかりでなく、統計調査の重要性を説き(一一七頁参照)、匈奴経済の基盤を確立することに貢献した。

また、趙信は「単于は翕侯《きゆうこう》（趙信）を得ると自次王《じじ》となし、その姉をこれに娶せ、ともに漢〈対策〉を謀った」（『史記』〈匈奴列伝〉）とか、「趙信は単于のために謀って、『漢兵は砂漠を渡ってくると人も馬も倒れてしまいます。匈奴は坐していて捕虜とすればよいのです』といった」（『史記』〈衛将軍驃騎列伝〉）とあるように、単于の全面的な信頼を得て、匈奴軍の作戦参謀として活躍していた。

◈李陵と蘇武

李陵の投降は、この間の匈奴と漢の関係を象徴するものであった。

李陵については、中島敦が小説『李陵』でその数奇な運命を語り、その後護雅夫、秦恒平、冨谷至らによって語り継がれている。李陵の不幸は友人司馬遷の悲劇を生んだ。なぜなら、裏切りものと罵られた李陵を弁護した司馬遷は、武帝の怒りを買い、宮刑という恥辱を受けたからである。歴史家司馬遷が世間の冷視に耐えて『史記』を完成させたのも、この李陵事件を機に、修史編纂の意を固めたからであった（前九一年「任少卿に報ずるの書」）。

その李陵は、代々将軍を輩出する李氏一族に連なる勇猛果敢な将軍であった。天漢二年（前九九）、弓兵五〇〇〇を率いて居延の北に進出したが、運悪く単于の主力騎馬部隊八万に遭遇。敵兵一万余を殺傷するも、矢も尽きはてやむなく投降した。元来、李陵の軍は弐師将軍李広利の主力軍三万の囮兵で、匈奴軍を二分する役目を担っていたのである。それゆえ、かれの軍には後援部隊が続くはずであったが、路博徳《ろはくとく》らの将軍のねたみで援軍は送られず、砂漠の地で孤立させられたのである。

李陵の奮戦に感服した匈奴の且鞮侯《しょていこう》単于（在位前一〇一～前九七）は、かれを厚遇して匈奴の地に拘留した。だがこれが、李陵の裏切り——李緒という人物と間違えられ、匈奴軍の作戦参謀となったという噂——として漢に伝わると、武帝は李氏一族を族滅した。これは李陵に連なる一族（一説には九等親にも及んだとされる）を根絶やしにする苛酷なものであった。とりわけ李陵にとって耐えがたきことは、老母と妻子の殺害であった。つねに武帝に対して二心なき忠誠を貫いていた自分が、なぜこのような残酷な苦しみを受けなければならないのか。将軍としての武帝と故国への忠誠心と、敬愛する母を殺害された怨みとが、李陵の心の中で激しく葛藤していた。そしてかれは決断した。匈奴の地に残って「異域の人」（『漢書』〈蘇武伝〉）となろうと。

李陵を語るとき、もう一人の人物を忘れてはならない。すなわち蘇武である。蘇武はみずからを飾らない朴訥な人柄であったと伝えられている。かれは、李陵が投降した前年（前一〇〇、天漢元）、主命を帯びて匈奴の地に派遣された武人（中郎将）であった。かれは陰謀事件に巻き込まれて匈奴の地に抑留されてしまう。かれの朴訥で剛毅な人柄を且鞮侯単于に見込まれ、いく度も匈奴への投降を勧められたが、承知しなかったため、牧人として北方のバイカル湖のほとりに送られた。李陵も時々この地を訪れ、蘇武に匈奴への投降を勧めたが、かれは頑として受けなかったのである。

そうこうしているうちに、一九年の歳月が流れた。漢では武帝が死に、昭帝（在位前八七～前七四）の時代となっていた。匈奴と漢の間に和議が成立し、抑留者の返還が行われることとなった。もちろん李陵も蘇武も故国に帰れるのである。

だが、一九年の歳月は二人の生き方を大きく変えていた。将軍として匈奴に投降した李陵は、再び漢に帰って恥辱を受けたくはなかった。武人としての誇りを重んじたのである。しかも今や愛する母と妻子はいない。今さら故国漢に何の未練があろうか。「異域の人、一たび別れてはとこしなえに断たれん」（『漢書』〈蘇武伝〉）と、友人蘇武に別れを告げたのである。この李陵の苦しい胸の内を察して、蘇武は次のような詩を李陵に贈った。今その一部を紹介してみよう。

蘇武（『晩笑堂画伝』）

清商の曲を展《の》べんと欲して
子の帰る能《あた》わざるを念う
俛仰して内に心を傷ましめ
涙下りて揮うべからず
願わくば双つの黄鵠と為りて
子を送りて倶《とも》に遠く飛ばん

帰るに帰れない李陵の心中を思うと、蘇武は涙を止めることはできなかった。友を残して一人故国へ帰る蘇武の心は張り裂けんばかりであっただろう。異国の地で心から通じあった友、互いがいたからこそ生きながらえた二人であった。李陵と蘇武、二人の壮絶な生き方は、時代を生き抜いた人間模様を象徴し、長く後世の人々に歴史の教訓として受け継がれている。

◈衛律の暗躍

漢人の中でも、匈奴王室の権力争いに暗躍し、単于（壺衍鞮《こえんてい》）擁立に大きな役割を果たしたのは、衛律をおいて他にいない。

衛律の生い立ちについては定かでない。父は「長水の胡人」といわれているから、かれにも匈奴の血が流れていたのであろう。衛律の匈奴亡命年代は明らかではないが、『漢書』〈蘇建伝〉では、天漢元年(前一〇〇)に漢使として匈奴を訪れた蘇武に、

蘇君、律は漢に負いて匈奴に投降した。幸い〔単于より〕大恩を蒙り、王号を称している。衆は数万を擁して、馬畜は山にあふれ、富貴なる様子である。

と、匈奴におけるみずからの勢威を誇っているので、これ以前であることは間違いない。

しかし、衛律の匈奴における勢威も、かつて大宛を征した弐師将軍李広利の投降(前九〇)によって危うくなってきた。李広利が匈奴へ投降したのは、巫蠱《ふこ》(呪い)によってかれの妹の李夫人の生んだ昌邑王髆《はく》を皇太子にしようとした嫌疑で李氏一族が族滅され、みずからの身が危うくなったからである。これまで李広利ほどの重臣が匈奴に投降したことはなかっただけに、かれに対する単于の寵愛は大変なものであった。そこで衛律は胡巫と謀って、ある日単于の母が病気になったとき、李広利を犠牲にするよう進言し、かれを匈奴の神に捧げるべく殺させた。こうすることによって、衛律は単于の寵愛を引き留めたのである。

衛律の暗躍はさらに続く。自分を寵愛していた狐鹿姑単于(在位前九七~前八五)が死ぬと、弟の右谷蠡王を後継者にせよとの単于の遺言を詐って、狐鹿姑単于の子左谷蠡王を壺衍鞮単于(在位前八五~前六八)として擁立した。衛律は、且鞮侯単于のときは丁零王(その後継者は李陵と思われる)、

狐鹿姑、壺衍鞮の二代の単于のもとでは側近として活躍した。壺衍鞮擁立のとき、衛律は顓渠閼《せんきょ》氏と共謀して匈奴の貴人らを抱き込んだといわれている。これは、すでに単于の周囲で側近政治が行われ、単于を擁立する竜城の会議（一三七頁参照）が形骸化していたことを示している。事実このとき、単于になれなかった左賢王と右谷蠡王が竜城への参会を拒否していることからもその実態が窺われる。

その後、衛律は長く匈奴に抑留されていた蘇武、馬宏らを漢に帰しているが、これも匈奴におけるみずからの地位を守るためではなかったか。ともあれ、衛律が図った狐鹿姑、壺衍鞮擁立は、匈奴における単于位継承争いを拡大し、匈奴の分裂を促進するという皮肉な結果を招くに至った。

◈匈奴の内紛と衰退

漢による李広利の大宛遠征、および烏孫への公主降嫁（前一〇五。六九頁参照）が、即匈奴の西域支配放棄に繋がったわけではなかった。匈奴側もけっして手を拱いていたわけではない。前九六年（太始元）、狐鹿姑単于は同族である攣鞮《らんてい》氏の一員を日逐《じっちく》王に任命し、西域支配の強化を図った。日逐王はその下に僮僕《どうぼく》都尉を置いて、西域のオアシス国家より徴税し、匈奴の経済的基盤を維持・強化した。だが匈奴の衰えは、年ごとに顕著になっていった。その大きな要因は、度重なる天災とそれに伴って起きた匈奴の内紛であった。

烏維単于の死後、単于の位は児《じ》（在位前一〇五〜前一〇二）、句黎湖《こうりこ》（在位前一〇二〜前一〇一）、且鞮《しょてい》

侯《こう》と継がれたが、いずれも短命で世を去り、本来の長子相続の原則が崩れ始めていた。前九七年に狐鹿姑が単于として登位する頃には、その混乱は極に達し、そのことが同族内に大きな勢力争いを引き起こす要因となった。

やがて匈奴領内は、「数ヶ月にわたって降雪が続き、家畜は死に人民は疫病にかかり、穀物は実らなかった」(『漢書』〈匈奴伝上〉)という状態に陥った。漢との相次ぐ戦争に加え、天候不順のため流産する家畜が多く、経済状態は悪化する一方だったのである。

こうした匈奴の疲弊を漢が見逃すはずはなかった。前七一年(本始三)、校尉の常恵《じょうけい》は烏孫と結んで右谷蠡王の王庭を襲撃して三万九千余人を捕獲した上、馬牛羊などの家畜七〇万余をも捕獲して、匈奴に壊滅的な打撃を与えた。その結果、

丁令は匈奴の衰弱に乗じてその北を攻め、烏桓はその東に侵入し、烏孫はその西を攻撃した。これら三国は人民数万人、馬数万匹、また甚だ多くの牛羊を殺害した。さらに飢餓による死亡もあり、人民は十分の三、家畜は十分の五が死んだ。

と、『漢書』〈匈奴伝上〉に記載されているように、これまで匈奴に服属していた周辺諸民族が、匈奴の内紛と弱体化を見て一斉に攻撃を開始した。しかしこのとき、匈奴はこれらの勢力に報復する力を失っていたのであった。

三――匈奴の東西分裂

◈日逐王の投降

且鞮侯の長子狐鹿姑が単于に登位（前九七）する頃より見られた匈奴単于位をめぐる争いは、従来の長子相続から力のあるものが単于位を奪取するという、軍事優先へと匈奴社会が変化したことによる。それは前六〇年（神爵二）秋の日逐王の漢への投降によって頂点に達した。

日逐王は名を先賢撣《せんけんてん》といい、狐鹿姑の弟（左賢王）の子で、早くから匈奴国内では次期単于の噂があった。しかし、虚閭権渠《きょりょけんきょ》単于（在位前六八～前六〇）の死後、先代の壺衍鞮単于に寵愛された顓渠閼氏らの画策によって、当時不和であった右賢王屠耆堂《しょきどう》が握衍朐鞮《あくえんこうてい》単于（在位前六〇～前五八）として即位すると、配下の部衆数万騎を率いて漢に投降したのである。

いうまでもなく、先述したように日逐王は匈奴の西域支配の要である。その日逐王が漢に降るということは、漢は労せずして西域諸国を確保できるということであった。そこでこの年、漢は亀茲《きじ》（新疆ウイグル自治区庫車《クチャ》）東方の烏塁城に西域都護を置き、翌年（前五九）四月には日逐王を帰徳侯に封じたのである。

日逐王の漢への投降は匈奴の西域放棄を意味し、匈奴の弱体化を早めた。これを見て、匈奴

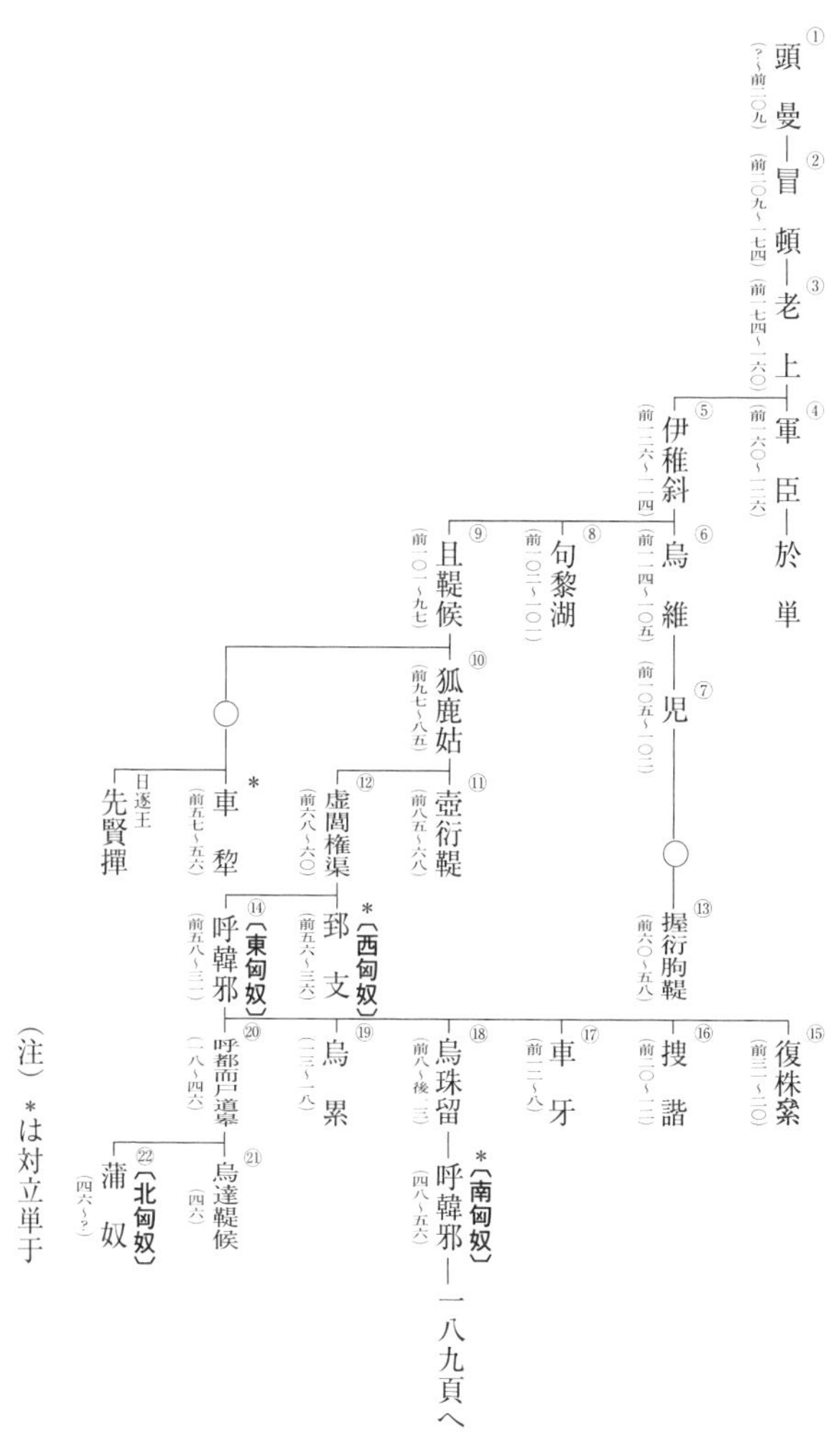

①頭曼（?～前二〇九）
②冒頓（前二〇九～一七四）
③老上（前一七四～一六〇）
④軍臣（前一六〇～一二六）
於単
⑤伊稚斜（前一二六～一一四）
⑥烏維（前一一四～一〇五）
⑦児（前一〇五～一〇二）
⑧句黎湖（前一〇二～一〇一）
⑨且鞮侯（前一〇一～九七）
⑩狐鹿姑（前九七～八五）
⑪壺衍鞮（前八五～六八）
⑫虚閭権渠（前六八～六〇）
⑬握衍朐鞮（前六〇～五八）
*車犂（前五七～五六）
日逐王
先賢撣
*〈西匈奴〉郅支（前五六～三六）
⑭〈東匈奴〉呼韓邪（前五八～三一）
⑮復株絫（前三一～二〇）
⑯捜諧（前二〇～一二）
⑰車牙（前一二～八）
⑱烏珠留（前八～後一三）
*〈南匈奴〉呼韓邪（四八～五六）
一八九頁へ
⑲烏累（一三～一八）
⑳呼都而尸道皋（一八～四六）
㉑烏達鞮侯（四六）
㉒〈北匈奴〉蒲奴（四六～?）
（注）*は対立単于

匈奴単于世系表1

の東方にいた烏桓は、隣接する匈奴東辺の姑夕王《こせき》（在地の首長）を討ち人民を捕掠した。人民を失った姑夕王は単于の怒りを恐れ、烏禅幕を始めとして左地（匈奴の東部地区）の貴人たちと謀って稽侯狦《けいこうさく》を呼韓邪単于《こかんや》（在位前五八〜前三一）として立て、握衍朐鞮単于に対抗した。握衍朐鞮は頼みとした右賢王に援助を断られ、前五八年（神爵四）怒りの中で自殺した。

◈五単于の並立

呼韓邪の勝利によって匈奴の内紛は終結したかに見えたが、事態は甘くはなかった。握衍朐鞮単于の側近として暗躍した左大且渠《しょきょ》の都隆奇《とりゅうき》は、日逐王の薄胥堂《はくしょどう》を屠耆単于《しょき》（在位前五八〜前五六）として立て、呼韓邪を襲撃した。この薄胥堂は、先に漢に投降した先賢撣の後を承けて、従弟にあたる握衍朐鞮によって日逐王に命じられた人物で、握衍朐鞮を討った呼韓邪には恨みを抱いていた。だが屠耆の勢威は強大で、呼韓邪の兵を敗走させ単于庭を奪取することに成功した。

しかし、屠耆は致命的な失敗を犯した。それは、唯犂当戸《いり》（当戸は匈奴の官職）なるものの妄言を信じて、最大の協力者であった右賢王を謀反人として殺してしまったことである。後に無実であることがわかるが、片腕たる右賢王を失ったことにより、屠耆単于の兵力は弱体化した。

これより後、西方の呼掲王が呼掲単于（在位前五七）を、烏籍都尉も烏籍単于（在位前五七）を称した。また、先の日逐王先賢撣の兄右薁鞬王《いくけん》も自立して車犂単于（在位前五七〜前五六）を称し、匈奴の地に五単于が並立する事態となった。

◈郅支と呼韓邪

五単于の並立状態も長くは続かず、やがて呼韓邪によって統合されてはいったが、呼韓邪の前に新たなるライバルが現れた。それは呼韓邪の兄で左賢王の呼屠吾斯《ことごし》であり、かれは自立して郅支単于（在位前五六～前三六）と名乗ったのであった。これまでの対立者とは異なり、郅支は血筋は確かであり、呼韓邪にとって脅威であった。

前五四年（五鳳四）、郅支は西方の閏振《じゅんしん》単于（屠耆の従弟で休旬王。在位前五六～前五四）を破り、その兵を糾合して呼韓邪を攻めて敗走させ、単于庭を掌握した。敗れた呼韓邪は部衆を率いて南に移動し、子の右賢王を漢廷に入侍させて漢に援助を求めたのである。

このとき呼韓邪は周囲の諸大臣を集めて、漢に援助を求めることの是非を問うた。大臣たちの多くは反対した。『漢書』〈匈奴伝下〉に次の如く記されている。

匈奴は馬上の戦闘によって国を支えてきました。それゆえ、漢への服従は恥であり、賤しまれております。今、匈奴の力が衰えたとはいえ、漢に臣下の礼を採るのは、過去の栄光を傷つけるものでございます。

しかし、このような群臣たちの反対にも拘わらず、呼韓邪軍は南下して漢に降ることを決意した。これには、当時呼韓邪の外戚であった呼衍《こえん》氏出身の左伊秩訾《いいっし》王の進言によるところが大きかった。このことは、第四章で述べる姻戚氏族の影響力の強大さを示すものであろう。

前五一年(甘露三)正月、漢の援助を求めるべく、甘泉宮(陝西省淳化県甘泉山にあった漢の宮殿)において呼韓邪は漢の宣帝(在位前七四~前四九)に拝謁した。呼韓邪の入朝は、一六〇年以上にわたって続いた匈奴と中国王朝の対立に終止符を打つものであり、漢にとって一大事件であった。漢は呼韓邪を特別に礼遇し、位は諸侯王の上とし、天子に拝謁するときには臣と称しても名をいわなくともよいとした。いわゆる客臣としての待遇であったといわれている。

これより後、漢と呼韓邪の関係はますます緊密となり、前四九年(黄竜元)、前三三年(竟寧元)と計三回呼韓邪は漢に入朝した。とりわけ前三三年の入朝時には、漢の礼遇贈与はこれまでの倍以上であり、後宮の婦女を公主(皇帝の娘)として呼韓邪に賜った。これが王昭君という女性である。彼女については節を改めて詳述する(七四頁参照)。

◈郅支の西方移動

呼韓邪のライバルである郅支も、漢との関係を無視していたわけではなかった。かれも何度か漢へ使節を派遣していたが、かれの求めたものは漢との対等な外交であった。それゆえ、漢は臣下の礼を採る呼韓邪を支援し、郅支を廃除した。

漢をめぐる呼韓邪との外交争いに敗れた郅支は西方経略に専念し、かれの率いる一派は西匈奴と称されるようになる(これに対して呼韓邪らは東匈奴と称される)。郅支はまず屠耆単于の末弟で右地（匈奴の西部地区）で自立していた伊利目《いりもく》単于を討ち、その部衆を併合した。そして、その勢いで烏孫を支配下に置こうとしたが、小昆弥《こんび》（烏孫の王号。七三頁参照）の烏就屠《うしゅうと》は郅支の要求を拒否し、その使者を殺して首を漢の西域都護に送り、郅支の兵を迎え撃とうとした。郅支は烏孫との衝突を回避して、周辺種族の烏掲、堅昆、丁零を討ち、北西に勢力を拡大した。この郅支との対立によって、烏孫はますます漢に接近し、漢もまた烏孫と攻守同盟を結んで郅支を牽制した。

漢と呼韓邪、および漢と烏孫の攻守同盟は、郅支と漢の関係をますます悪化させた。この関係を決定的にしたのは、前四四年（初元五）六月に起きた漢使谷吉《こくきち》の殺害である。郅支はこの窮地を打開するため、当時烏孫と対立関係にあった西方の康居と結んで対抗した。郅支は康居を頼ってその部衆を移動させたが、寒気に襲われ、康居に到着した部衆は三千人にすぎなかったと伝えられている。

郅支軍の劣勢は、今や誰の目にも明らかである。漢がこの好機を見逃すはずはなかった。前三六年（建昭三）、漢は西域都護甘延寿《かんえんじゅ》、副校尉陳湯《ちんとう》に兵を与え、康居の地で郅支を誅斬した。

漢が本国から三千キロメートル以上も離れた康居の地で郅支を討ったのは、当時の東西交易路、いわゆるシルクロードを危険にさらしていた主要な敵が郅支であり、かれの勢力を一掃することによって、シルクロードの商業権を独占せんと考えたからであった。しかし、勇猛果敢な遊牧戦士であった郅支の死は、匈奴の名を西方諸国に鳴り響かせたのである。

四——異域に送られた女性たち

◈和蕃公主の始まり

中国王朝が採った異民族に対する政策の中でもっとも重要なものとして、宮廷の女性を異民族の君長に妻として与える通婚政策がある。天子の娘が婚姻する際には、天子に代わって三公（秦漢期の丞相、御史大夫、大尉を指すが、時代によって名称は異なる）が結婚儀礼を司ったと伝えられたところから、こうした女性は公主と呼ばれた。唐代以降は、異民族の君長を慰撫し和平を目的としたところから、和蕃公主と呼ばれるようになった。

名称はともかく、この制度は、漢の初め、平城の地で冒頓率いる匈奴騎馬軍団に囲まれた高祖劉邦が、匈奴との和平条件の一つとして、冒頓に自分の娘を送ると約束したことから始まるといわれている（二九頁参照）。

しかし、実際には公主は必ずしも皇帝の娘とは限らず、劉氏の一族または後宮の娘を皇帝の娘と詐って、匈奴単于に送っていたようである。そのいきさつは、『史記』〈劉敬叔孫通列伝〉にくわしいが、高祖の皇后呂后が娘を匈奴に送り出すことを嘆き悲しんで、高祖に泣きついたところに由来すると伝えられている。

和蕃公主の性格は、その時々の異民族と中国王朝との力関係によって異なるが、匈奴に対する場合は漢への侵略をかわさんとするための懐柔政策に他ならず、あえて無理をして真公主すなわち皇帝直系の娘を送る必要もなかった。この点、後に唐が国内治安と吐蕃(チベット)牽制のために軍事援助を求めて、ウイグルに真公主を差し出したときの状況とは違っていた。

冒頓の後、漢は老上、軍臣両単于にも「宗室の女」を公主として送っていたことが、『史記』に伝えられている。彼女たちがどのような女性であったかは記録に残されていないが、皇帝の実の娘でなかったことは確かであろう。

ともあれ、政争の道具として利用され、国家の狭間で犠牲となった女たちの悲しい物語が多く語り継がれている。ここで少し視点を変えて、これらの悲劇のヒロインたちの姿を通じて、当時の匈奴と漢両国の関係の一端に触れてみよう。

◈烏孫公主細君

異民族に公主を降嫁させて慰撫する政策は、独り匈奴のみならず烏孫に対しても行われていた。烏孫は西域最大の大国である。『漢書』〈西域伝下〉には、戸数十二万、人口六十三万、兵士十八万八千八百と記されている。かれらは遊牧民ではあるが匈奴と人種を異にし、「青い眼に赤い鬚の民」と伝えられており、アーリア系といわれている。

烏孫は匈奴に追われて、天山山脈の北麓、すなわち現在のイリ盆地に移り住んだ。この民衆を率いたのが烏孫王昆莫《こんも》である。幼少の頃、匈奴に父を殺され野に捨てられたかれを、烏が肉を運び、狼が乳を飲ませて育てたと伝えられている。おそらく、この伝承をもとに漢人が烏孫と名付けたのであろう。その後、昆莫は匈奴単于に拾われて育てられ、長ずるに及んで匈奴の後援を得て月氏を天山北方より駆逐し、父の民を継承して匈奴より独立したと伝えられている。

先に大月氏に旅行した張騫は、大月氏との同盟が叶わぬ代わりに烏孫との同盟を武帝に建策した（五〇頁参照）。張騫の建策の目的は、烏孫を河西の地に移住させて匈奴を牽制することにあった。その策は実らなかったが、烏孫から公主を貰い受けたいという要請があり、武帝はそれを許すこととした。前一〇五年（元封六）のことである。

公主として選ばれたのは、江都王劉建の娘で名を細君といった。彼女が嫁す烏孫王昆莫は、「年老いて、言語通ぜず」（『漢書』〈西域伝下〉）とあるように、すでに七〇を優に超えていたようだ。その上、烏孫国内は王位継承をめぐって争いが絶えなかった。太子に先立たれた昆莫は、亡き太子の子岑陬《しんしゅう》を王位継承者に指名したが、太子の弟たちからの反対を受けていたのである。

中国では江都王の娘として何不自由なく暮らしてきた細君にとって、獣肉を主食とし乳汁を飲む生活は生き地獄であったかも知れない。彼女が望郷の思いに駆られたのも当然であろう。細君はその望郷の思いを次の詩で我々に語っている。

吾が家は我を天の一方に嫁し

遠く異国の烏孫王に託す
穹廬を室と為し旃を牆と為し
肉を以て食と為し酪を漿と為す
居常土を思いて心の内傷む
願わくは黄鵠と為りて故郷に帰らん

武帝とて、若くして政略結婚のいけにえとなった細君の気持ちを分からぬわけではなかった。武帝は、隔年ごとに烏孫に対し莫大な財物を送り届けた。これが武帝の細君へのせめてもの思いやりであった。

だが、漢王朝による烏孫への細君降嫁の報に匈奴が気付かぬはずはなかった。匈奴は早速王族の女を送り込んで烏孫を牽制した。烏孫は匈奴の女を受け入れ、細君より上位の左夫人とし、細君を右夫人として取り扱った。これは東隣の匈奴に対する烏孫の配慮であり、匈奴と漢を巧みに扱った老王昆莫のバランス感覚を示すものでもあった。

ともあれ、漢より隔年ごとに送り込まれる財物は、細君の烏孫における政治的地位の安定化に役立った。彼女は昆莫や左右の貴人たちを時折招いて酒宴を催したという。これが匈奴出身の左夫人に対する彼女の対抗意識か、それとも漢の王女としての誇りを誇示したものかはわからないが、こうした形で彼女は異国での寂しさをまぎらわせていたに違いない。

その後昆莫は、太子に立てた孫の岑陬に細君を娶せた。父が死ぬと継母を妻とする遊牧民の風習（一一〇頁参照）を強いたものだが、これは細君にとって承知できることではなかった。なぜなら漢族には二夫に嫁す習慣がないからである。彼女は早速武帝に上書して帰国を願ったが、武帝の返事は「その国の習俗に従い、烏孫とともに胡（匈奴）を滅ぼすことを期待している」というものであった。専制君主武帝の返答は、細君に同情しながらも冷徹なものであった。

やがて、細君は昆莫の孫岑陬の妻となり、一女をもうけている。この娘は少夫という名で『漢書』〈西域伝下〉にも記録されている。その後、細君が烏孫でどのような生涯を送ったかは知る由もない。だが、彼女がその悲しい生涯を烏孫の地で終えたことは確かであろう。

◈烏孫公主解憂

細君が悲嘆のうちに異国の地で没すると、漢は間を置かず烏孫王岑陬に公主を送った。楚王劉戊の孫で解憂《かいゆう》という名の女性である。新公主解憂は前任者の細君とは違っていた。彼女の烏孫での生涯は、漢の要請に十分応えうる政略家としてのものであった。

解憂は岑陬に嫁したが、岑陬の死後、その従兄弟の肥王（翁帰靡《おうきび》）が烏孫王になると、かれの妻となって三男二女を産んだ。その後肥王が死ぬと、彼女は前夫岑陬が匈奴出身の妻に産ませた狂王（泥靡）にも嫁して一男をもうけている。前公主細君が、夫の死後、夫の一族に再び嫁すという異民族の風習に苦しみ、武帝に帰国を哀願したことはすでに述べたが、解憂にはそれがない。解憂がいかに腹の坐った女性であったかがわかる。

さて肥王は、解憂との間にもうけた元貴靡《げんきび》を大昆弥、匈奴出身の夫人との間に生まれた烏就屠を小昆弥として、前王同様漢と匈奴とのバランスを保っていたが、どちらかといえば漢よりの政策を採っていた。この背景に解憂の政治的手腕があったことはいうまでもない。これに怒った匈奴は、解憂を差し出すよう要求して烏孫を攻撃してきた。解憂は即座に漢に援軍を求めた。前七二(本始二)年、漢と烏孫の連合軍は匈奴を攻撃して、匈奴に甚大な損害を与えたのである。

解憂の猛女ぶりはこれに留まるものではなかった。匈奴の血を引く三番目の夫狂王が烏孫の部衆に評判が悪いのを利用して、夫の暗殺計画に加担し、これを殺してしまったのである。このように、彼女は漢の国策に十分応えていた。

やがて、解憂も自分の子供たちに相次いで先立たれて望郷の思いを募らせ、前五一年(甘露三)漢に帰国することが許された。彼女は五〇年ぶりに漢の土地を踏んだが、歳七〇であったといわれている。

解憂が帰国した甘露三年は、匈奴の呼韓邪単于が漢に入朝した年でもある。匈奴単于の漢への臣従によって解憂の烏孫での任務は終わった。その功労を漢廷より認められた彼女は手厚い礼遇を受け、その二年後に静かに息を引きとった。解憂の波瀾万丈の人生は、当時の匈奴、漢、烏孫の三国の関係を反映したものといえよう。

◈王昭君の降嫁

中国王朝が異民族に対して実行した外交政策の中で最も顕著なものは羈縻《きび》政策である。羈縻政策とは、中国王朝が周辺民族の首長に爵位、公主を与えて、名目上服属させる政策であって、この政策の下で多くの女性が悲劇のヒロインとなった。中でももっとも有名なものは、王昭君悲話であろう。

匈奴の呼韓邪単于が前五一年に漢に入朝して以来、漢は呼韓邪を積極的に支援した。おかげで呼韓邪は匈奴での勢力を回復し、ライバル郅支を西方に追いやることに成功した。前三六年、郅支は漢の手にかかって非業の最期を遂げるが、郅支の死は呼韓邪の心に喜びとともに漢への恐怖心を植え付けることになった。

元帝（在位前四九～前三三）の竟寧元年（前三三）、三度目の入朝を果たした呼韓邪は、「漢帝室の婿となって、漢と親戚になりたい」と、公主を求めてきた。漢廷はこの申し入れを快く受け入れた。これがいわゆる王昭君悲話の序幕である。

王昭君について、もっとも早い記録である『漢書』〈匈奴伝下〉によれば、王昭君は本名を王檣《おうしょう》、字《あざな》を昭君といい、元帝の後宮に入っていたとされる。

これまで漢廷が匈奴に送り込んでいた女性は、劉氏の一族の女子であったことが、『史記』〈劉敬叔孫通列伝〉より推察される。また、先の二人の烏孫公主も劉氏の一族で、しかも王族の女であった。だが王昭君は、史書では良家の子女と記されているのみで、劉氏の一族ではなかった。

漢代における良家とは、三代以上にわたって犯罪などに関与しなかった家柄のことで、貴族と同意語ではない。王昭君は数多い後宮女性の一人にすぎなかったのである。

漢が匈奴の単于に対して皇女（公主）ではなく、後宮の女性を送り込んだことは、当時の匈奴と漢の力関係の推移を反映している。漢が冒頓、老上、軍臣の三代にわたって与えた女性は、いずれも皇女であった。これは敵国匈奴に対する宥和政策であり、漢より申し出たものである。だが、たとえ客臣としての地位を漢より与えられていたとはいえ、呼韓邪はけっして漢帝室と対等ではなかった。それゆえ、漢側は単于に与える女性を格下げして、匈奴が漢に服従したことを内外に示したのではなかろうか。

◈王昭君の事績

こうして、王昭君は匈奴呼韓邪単于の妻となった。『漢書』〈匈奴伝下〉は、

王昭君は寧胡閼氏《ねいこ》と称され、一男伊屠智牙師《いとちがし》を産み、〔かれは〕右日逐王となった。呼韓邪は立って二十八年にして、建始二年（前三一）に死んだ。

と伝えている。

王昭君が匈奴単于に嫁いだとき、すでに呼韓邪は老王であり、わずか二年の夫婦生活であっ

た。一子伊屠智牙師は右日逐王と記されているが、後に左賢王に昇格する。

一般的に、左賢王の地位は匈奴の皇太子にあたり、呼衍氏などの名族の女が産んだ子しかなれなかった。匈奴が王昭君を寧胡閼氏、すなわち胡（匈奴）を寧んずる婦人と呼び、その子が右日逐王より進んで左賢王の地位を占めたことから、匈奴の漢への配慮を見てとれる。王昭君のその後の匈奴における事跡について、『漢書』〈匈奴伝下〉は次のように伝えている。

呼韓邪が死ぬと、〔その子〕雕陶莫皋《ちょうとうばくこう》が立って復株絫若鞮《ふくしゅるいじゃくてい》単于となった。復株絫若鞮単于は即位すると、子の右致盧児《うじろじ》王と醯諧屠奴《けいかいとど》侯とを漢廷に送って入侍させ、且麋胥《しょびしょ》を左賢王に、且《しょ》莫車《ばくしゃ》を左谷蠡王に嚢知牙斯《のうちがし》を右賢王とした。復株絫単于はまた王昭君を妻として、二女をもうけた。長女を須卜居次《すぼくこじ》といい、次女を当于居次《とううこじ》といった。

このように、前の二人の烏孫公主の記録とは異なり、王昭君の記録は彼女自身の事跡を伝えるものではない。しかし、昭君が産んだ子供たちの記載によって、彼女の匈奴における立場を推定することができる。居次《こじ》とは単于の娘のことで、漢の公主にあたる。長女が須卜居次といわれたのは、攣鞮、呼衍に次ぐ第三の名族須卜《すぼく》氏の男子に嫁いだことを示すものであり、寧胡閼氏の称号についての記事と合わせて考慮すれば、昭君が匈奴内で高い地位を与えられていたことを容易に推察できよう。

◈王昭君の物語

『漢書』〈匈奴伝下〉の記載を見る限りでは、王昭君が匈奴において安定した地位を得ていたことは明らかである。それにもかかわらず、彼女が悲劇のヒロインとして後に語り継がれてきたのはなぜであろうか。

王昭君を伝える物語書の中で、まず西晋の葛洪《かつこう》が編んだ『西京雑記《せいけいざつき》』を挙げてみよう。この書は前漢末の劉歆《りゆうきん》が前漢期の雑事を記したものを改めて編纂したものといわれている。それが事実なら、王昭君の伝承としてはもっとも古いものということができよう。この書によれば、その頃元帝は画家の描いた肖像を頼りに後宮の宮女たちを召し出していた。それゆえ、多くの宮女は皇帝の目に留まろうとして、画家に賄賂を贈っていたが、昭君は賄賂を贈らなかったために醜く描かれていた。呼韓邪来朝の折、元帝はこの絵を参考にして昭君を選んだが、彼女を見て後宮第一の美女であることを知り、匈奴に与えることをためらった。しかし、匈奴との信頼関係を重視して、呼韓邪に昭君を与えたと伝えられている。

一方、『後漢書』〈南匈奴伝〉によれば、呼韓邪が入朝した際、元帝は五人の宮女をかれに与えようとした。その一人が王昭君で、彼女は五人の宮女の一人にすぎなかったのである。昭君が五人の中に選ばれたのは、彼女がみずから志願したからだと伝えられている。それは、皇帝から一度もお召しがなかったことを彼女が悲怨していたからだという。昭君を召し出した元帝は、彼女のあでやかな姿を見て、呼韓邪に与えることを躊躇したが、外交上の約束でもあり、渋々匈奴単于に与えたと語られている。

以上が『後漢書』〈南匈奴伝〉に見える王昭君降嫁の概要である。『後漢書』は南朝宋（四二〇〜四七九）の范曄《はんよう》の編纂である。かれは鋭い思考で定評のある高名な歴史家であるが、反面原史料に忠実とは限らず、その点に注意する必要がある。なぜなら、范曄の説では、王昭君はけっして悲劇のヒロインにはなりえない。

この『後漢書』の叙述は、後漢末の蔡邕《さいよう》の作品といわれる『琴操《きんそう》』の中の「怨曠思惟歌」を典拠としたとも伝えられているが、その後半部分は少し異なっている。

『琴操』によれば、呼韓邪の死後、王昭君は前夫との間に生まれた自分の実子との再婚を迫られた。そこで我が子に「おまえは漢の人間として生きるのか、それとも匈奴の人間として生きるのか」と問うたところ、実子が「匈奴の人間として生きたい」と答えたので、彼女は毒を仰いで自殺したというのである。范曄がこの説を採用しなかったのは、匈奴で嫂婚《そうこん》制（死者の妻が一族のものに再嫁する風習。一一〇頁参照）が行われていても、実子は例外であることを知っていたからであり、かれの冷静な歴史家の眼は、『琴操』の虚構を見破っていたのかも知れない。

因みに、今日の中国内モンゴル地区にある王昭君のものと伝えられる塚は青冢と呼ばれているが、この名称は、昭君死後、彼女の墓より生えてきた草は匈奴の地に生える白い草ではなく、漢の地に生える青い草であったとする『琴操』の伝承に由来している。

しかし、王昭君の伝承を一気に有名にしたのは、元朝（一二六〇〜一三八八）初期に活躍した劇作家馬致遠の撰である元曲『漢宮秋《かんぎゅうしゅう》』である。『漢宮秋』では画家毛延寿《もうえんじゅ》の暗躍が描かれている。これが前の『西京雑記』をもとにしたことは明らかであるが、毛延寿を悪役として、勧善懲悪の形式を採っているのが特徴である。

呼韓邪入朝の頃、後宮に美女が少なかったので、元帝は画工の毛延寿を選択使として広く天下をめぐらせて美女を選んでいた。王昭君は一八歳にして後宮に入ったが、生まれながらの美女で

匈奴に降嫁する王昭君
(『古今名人画稿』)

内モンゴルフフホト市の王昭君墓
(渡部英喜氏撮影)

幼い頃より光彩を放っていた。毛延寿は王昭君に賄賂を求めた。しかし、彼女の家は貧しく、求めに応ずることはできなかった。それゆえ、毛延寿は彼女を醜く描き、そのため元帝の目に留まることはなかった。あるとき、城内を散策中に元帝は昭君が琵琶を弾いている姿を見た。やがて元帝は昭君を愛するようになった。これを知った毛延寿は、みずからの陰謀が露見して罪を加えられるのを恐れ匈奴に逃亡する。そして王昭君の絵を単于に差し出し、彼女が漢で第一の美女であることを告げる。毛延寿の策謀に乗せられた単于は、漢を侵略して王昭君を要求する。元帝は渋々昭君を匈奴に与えるが、匈奴に降嫁する途中、彼女は黒河(内蒙古地帯を流れるエチナ河)に身を投じて自殺する。

以上が『漢宮秋』における王昭君の物語である。やがてこの書は英訳されて一九世紀ヨーロッパ社会にも伝わり、王昭君の名はヨーロッパ世界に深く刻み込まれたのである。

日本にも王昭君伝説は古くから伝えられている。平安時代前期に編纂された『凌雲集《りょううんしゅう》』に収められている滋野《しげの》貞主《さだぬし》の「王昭君」の詩を始め、王昭君を題材とした詩がいくつか知られているし、『今昔物語』『曾我物語』などの伝承物語にも引かれている。中でももっとも有名なのは謡曲「昭君」であろう。

このように、王昭君伝説は中国では二千年もの間人々によって語り継がれ、国境を越えてヨーロッパや日本にまで広がっている。先にも述べたように、中国から異民族に降嫁した和蕃公主は数多いが、なぜ王昭君だけが二千年もの間、悲劇のヒロインとして語り伝えられてきたのだろうか。

王昭君には烏孫公主細君の悲愁のような記録もない。それだけに多くの謎を秘め、悲劇の主人公として高められていった。しかし、あらゆる和蕃公主の中で、王昭君のみが有名になったのは、何といっても一人の弱い女を犠牲者とした当時の漢と匈奴の間の激しい攻防を、歴代の史家たちが王昭君を通じて語り継いだからであろう。

五——匈奴の中興期

◈長城の和平

前三三年（竟寧元）の王昭君の匈奴単于への降嫁によって、匈奴と漢の間の和平が確立した。これ以降匈奴は漢に臣従し、漢は多くの財物を与えて匈奴を慰撫した。

呼韓邪は漢に入朝した二年後（前三一）に死亡するが、その後の単于は、代替わりの度にその子を漢に入侍させ、単于の交代を報告して恭順の意を表した。

この間（前三三～後八）の匈奴と漢の関係を象徴するものとして、次の事件を紹介してみよう。

前五年（建平二）、漢の哀帝（在位前七～前一）のとき、烏孫王卑援疐《ひえんち》翕侯《きゅうこう》の部衆が匈奴に侵入して家畜を掠奪し、多数の人民を拉致・殺害した。これに対し、匈奴は即座に反撃して烏孫を撃破し、その人民および家畜多数を寇略した。烏孫王は匈奴を恐れ、その子趨逯《すうろく》を入侍させて匈奴に和を請うた。匈奴の烏《う》珠留《しゅりゅう》若鞮単于（在位前八～後一三）は、早速この事件を漢に報告し、その承認を求めた。

ところが、漢は匈奴の烏孫よりの人質受け入れを認めず、烏孫への返還を強く匈奴に求めた。匈奴は漢の要求を受け入れ、烏孫にその人質を帰したのである。

こうした事件は、匈奴の周辺（烏桓、西域など）で度々起こり、漢は前一（元寿二）年、中郎将王駿、王昌らを派遣して、

中国人で匈奴に逃げ込むもの、烏孫〔人〕で逃げて匈奴に降るもの、西域諸国で中国の印綬を受けているもので匈奴に降るもの、烏桓〔人〕で匈奴に降るものは、みな受け入れてはならぬ。

と、通達していることが『漢書』〈匈奴伝下〉に記録されている。

この一件が象徴しているように、呼韓邪の入朝以降、匈奴は漢の羈縻下に入って、その独立性は著しく損なわれていたのである。

◈匈奴と新の対立

宣帝と呼韓邪単于によって交わされた漢と匈奴の友好関係は、わずか六〇年足らずで崩壊した。それは、漢の政権を簒奪した王莽《おうもう》（在位後八～二三）の対匈奴強硬政策によるものであった。

王莽は元帝の皇后王氏の一族で、王氏が生んだ成帝（在位前三三～前七）が即位すると、季父の王鳳（皇太后王氏の弟）の後を襲って大司馬となり、権勢を振るった。成帝の急死後、哀帝が即位すると、王莽は一時権力の座から外されるが、哀帝の死によってまだ九歳の平帝（在位前一～後五）が即

位すると、再び権力の座に復帰した。

王莽は皇太后王氏と画策して平帝を毒殺し、二歳の劉嬰《りゅうえい》(宣帝の玄孫。在位五～八)を立てると、みずからは摂政となった。そして、その後劉嬰より強引に皇帝の位を譲り受け、新を建国したのである。

先に述べた匈奴の人質受け入れを禁ずる通達も王莽の建策によるものであったが、王莽が皇帝となって以降、かれの対匈奴政策はますます強圧的となった。王莽は東北方面の烏桓を扇動して、匈奴への皮布税(兎などの毛皮)の貢納を拒否させた。これは匈奴にとってけっして容認できることではなかった。

しかし、王莽の対匈奴強硬政策は、その程度で留まるものではなかった。王莽はこれまで漢が採っていた匈奴への特別な厚遇を廃止して、匈奴単于を客臣扱いから外臣に降格し、匈奴の領地を新の属州とする強硬な政策を採った。そして、これまで匈奴に与えていた「匈奴単于璽」を「新匈奴単于章」と改め、匈奴を「恭奴」、単于を「善于」と呼び、長安に人質として抑留していた、単于の子を斬殺するに及んだのである。

このような王莽による対匈奴強硬政策は、匈奴をいたく刺激し、匈奴は連年中国の北辺を寇略し、人民、家畜などの被害は武帝以前の侵略を上回るものであったといわれている。これに対し、王莽は一〇年(始建国二)、一〇万の大軍を発して匈奴を攻撃したが、その効なく逆に新王朝の滅亡を早める結果となった。

◈匈奴の最後の黄金時代

王莽によるこのような高圧的な政策は、独り匈奴のみならずすべての周辺異民族に及んでいた。それゆえ、一時匈奴に対し反逆的であった烏桓、鮮卑も中国から離反して匈奴の軍門に降った。また西域諸国も再び匈奴の政令下に服し、以前にも増して財物を貢納した。かかる西域諸国の服属は匈奴の経済状態を潤した。

二三年王莽が更始帝の緑林軍に破れて戦死すると、匈奴の勢力はますます強大化し、呼都而《ことじ》尸道皐若鞮《しどうこうじゃくてい》単于（在位一八〜四六）のときに極盛に達した。かれは更始年間（二三〜二五）には代令の張羍《ちょうひ》を、建武三年（二七）に漁陽太守の彭寵を援助して、中国北部における群雄の勢力争いに介入した（『後漢書』〈彭寵伝〉）。中でも最後まで劉秀（後漢の光武帝）と争った盧芳《ろほう》に対して、匈奴は積極的に援助した。

『後漢書』〈盧芳伝〉には、盧芳は字を君期といい、安定三水（甘粛省固原）の人であると伝えられている。かれは、祖母が匈奴の谷蠡渾邪王の姉、みずからは武帝の曾孫劉文伯の血筋を引くと自称した。その真偽はわからないが、盧芳が劉氏と匈奴の血筋をともに持ち出したのは、漢の徳を偲ぶ当時の中国の風潮を利用するとともに、匈奴の軍事力に頼らんがための創作の疑いが濃厚である。

光武帝（在位二五〜五七）が内乱鎮圧に追われていたこともあって、匈奴による支援を得た盧芳は、五原、雲中、定襄、朔方、雁門の五郡に政権を樹立した。だが、この盧芳による自立政権も光武帝による中国統一によって崩壊し、かれに従っていた漢人たちも離散した。四二年（建武一八）、盧芳は匈奴に亡命して、その地で生涯を終えたのである。

ともあれ、単于輿《よ》（呼都而尸道皐）は、その在位期間中、中国国内に匈奴の傀儡政権を樹立し、古の冒頓匈奴の復興を追求した。だが、匈奴復興の旗手で一代の英傑といわれた輿は、四六年（建武二二）事業半ばにして世を去ったのである。

第二章

匈奴の文化

ここまで、匈奴の勃興、分裂、再興について歴史を追って述べてきた。この後匈奴は南北に分裂し、歴史から姿を消していくのだが、ここで一旦視点を変え、本章と次章では匈奴の文化と社会について考察してみようと思う。

一——匈奴文化の特質

◈匈奴文化の編年

匈奴の研究に不朽の業績を残された江上波夫は、名著『ユウラシア古代北方文化——匈奴文化論考——』（全国書房、一九四八）の中で、匈奴文化を四期に分けて考察されている。

すなわち、第一期は匈奴勃興時代で、綏遠（オルドス）青銅器文化時代にあたる。第二期は勢力失墜時代で、綏遠（オルドス）文化が終滅し、漢の鉄器文化が普及する時代で匈奴における青銅器から鉄器への過渡期。第三期は小康時代でノイン・ウラ文化時代すなわち鉄器時代。第四期は衰亡遷徙時代で、匈奴文化と漢文化の西方流伝時代と編年区分されたのである。

江上波夫の研究が発表されて、すでに半世紀が経過した。その後数多くの匈奴時代の新出資料が提示されているにも関わらず、いまだにその研究が大筋の上で生き続けていることは、驚愕の限りである。

ただ、匈奴における鉄器の普及は、江上波夫が考えられた時期（前八二年〈始元五〉の対匈奴武器輸出規制のために設けられた馬鷲《ばど》関の廃止前後）よりも古くから確認することができる。例えば、一九七三年に田広金らによって発掘調査された内モンゴル桃紅巴拉の匈奴墓からは、武器を始めとする青銅製品とともに多数の鉄剣が発見されている。田広金は、この墓を戦国後期のものと推定されている。それゆえ、綏遠(オルドス)青銅器文化は鉄器文化と同時に進行しながら、やがて鉄器によってモンゴリアから駆逐されていったのである。

◈オルドス青銅器文化

今日の中国内モンゴル地区の長城地帯に広く分布した青銅器文化を、かつて綏遠青銅器文化とよんだが、正確にはオルドス青銅器文化という。この文化の遺物は、その出土遺跡が不明確で、偶発的に発見されたものが大半である。それらの遺物は前・後期に大別されている。すなわち、前期は、ミヌシンスク期のカラスク文化、赤峰の紅陶文化と並行し、西周から春秋時代にかけての獫狁、犬戎、山戎などの半農半牧民に相当する。それに対し、後期はスキート・サカ文化の系統で、ユーラシア草原地帯全域に成立した騎馬遊牧民族の文化であり、匈奴の所産による。それゆえ、第一章でも述べたように(五頁参照)、江上は前期文化の担い手である獫狁、犬戎と後期文化の担い手である匈奴は文化的に繋がらないと断じている。

しかしながら、近年の中国考古学界の発掘成果を勘案すると、周代の犬戎などと匈奴の文化が繋がらないとは必ずしも断言できない。なぜなら、本来は半農半牧の民であった犬戎などが純粋遊牧民化していく姿が、西周時代(前七世紀)につくられた中国最古の詩篇である『詩経』などに描かれているからである。そこで、前期文化を担った人々がスキート・サカ文化を受容していったとも考えられ、この点については今後の検討を要すると思われる。

いずれにせよ、後期オルドス青銅器文化の担い手が匈奴であることは疑いない。この文化の特徴は、騎馬戦に適した短剣、鏃《やじり》、甲冑などの武具や、馬面、轡などの車馬具類が多数出土していることである。出土品は動物意匠で全体が覆われている。グリフィン（獅子の体にワシの頭と翼を持つ幻獣）が鹿を咬噛する躍動的な透かし彫りなどは、匈奴文化の芸術性の高さを証明している。グリフィンの紋様は、中国北方、モンゴル、南シベリアなどで大量に発見されている黄金および青銅の鋳造品と共通している。このことは、匈奴の芸術が内陸ユーラシア草原に広く分布するスキート・サカ文化の延長線上にあることを示している。この文化が繁栄したのは前四世紀～前二世紀であり、匈奴が勃興し最盛期を迎えた冒頓、老上時代にあたると考えられる。

◈匈奴の鉄器文化

動物紋様を主体としたオルドス青銅器の芸術性は、美術史家によって高く評価されているが、それは取りも直さず匈奴が高い技術力を持った手工業者をその配下に擁していたことを証明している。しかし、このような高い技術力はけっして青銅器だけに止まっていたわけではなかった。

先に紹介した桃紅巴拉墓からは鳥頭触角式の青銅製短剣とともに鉄製鶴嘴や鉄錐、鉄剣が発見された。これらの剣の鞘には豪華な黄金の装飾が施され、当時かなり高度な技術が存在したことを証明している。

潮見浩の調査によれば、内モンゴル地帯では、戦国期から漢代にかけての一八ヶ所にも及ぶ遺跡から鉄器が出土している。出土遺物は、刀剣、鏃、斧、農工具など多岐にわたっており、それらの多くは、現在の中国内モンゴル自治区都フフホト市にある、内モンゴル博物館に陳列されている。特にフフホト市郊区二十家子出土の鋳造鉄鏃、および鉄矛は当時の製錬技術の高さを示している。それゆえ、匈奴がこの地において、製錬技術者に鉄製品を製作させていたことは疑いない。

『漢書』〈西域伝〉には、婼羌《じゃくきょう》国、難兜《なんと》国、亀茲国などでも多くの兵器が生産されたと記録されているが、これらの兵器が鉄製品であったことはいうまでもない。匈奴は日逐王の下に僮僕都尉を置いて西域諸国を管掌させていたが（六〇頁参照）、その目的の一つがこうした鉄産国の掌握にあったことは容易に考えられよう。

一九二八年、ソヴィエト科学アカデミーのソスノフスキーによって発掘調査された、バイカル湖南辺のゴロディシチェ遺跡からは製鉄遺址が発見され、数多くの鉄製品が出土した。こうした遺跡も、当時匈奴国内において、すでに大量の鉄製品が製造されていたことを示唆している。窪田蔵郎は、匈奴の勢力下にあったバイカル湖南岸から内モンゴルにかけては、古代北アジアの鉄産地帯であり、匈奴の南進は武器の充実化を目指すものであったとされるが、首肯すべき見解であろう。

◈ノイン・ウラ文化

匈奴の中興期であった後一世紀に築かれ、漢の文化的影響を強く受けている古墳文化に北モンゴルのノイン・ウラ文化がある。ノイン・ウラは、一九二四年一〇月よりコズロフを隊長とするソ連科学アカデミーの考古隊によって発掘された、現在のモンゴル国首都ウランバートルの北方

さまざまな動物紋様が彫られた匈奴の飾り板

約百キロメートルの地点にあるノヨン山地の墳墓群のことである。

ノイン・ウラとは王侯の山を意味し、そこに埋葬されたのは匈奴の王侯貴族であった。古墳は全部で二百基を超えるが、コズロフらが発掘したのは一二基のクルガン(高塚墳)である。特にノヤン山のスジクト谷にある第六号墳はもっとも壮大であり、単于の墓といわれている。

ノイン・ウラの墳墓は基本的には木槨墳であり、墳丘は南シベリア地区のスキタイ系クルガンの様相を帯びている。墓室内は、さまざまに刺繍された毛織物や絹布などで飾られ、床には毛氈が敷かれ、漆器などの漢代製品が副葬されていた。

ノイン・ウラ墳墓からの出土品でもっとも注目されるものは、家畜と野獣が表現されている絹製品である。特に第六号墳より出土した敷物は、中央部分に雲の紋様があり、外縁は中国の絹で縁どられて菱形の紋様で飾られている。内側にはヤクと猛獣が必死に戦っている姿を表した動物紋様が九対描かれている。また、鹿とグリフィンの格闘を描いた紋様も見られる。

ノイン・ウラ墳墓群からは、錦、綾、羅、絹布や、耳杯、乾漆製の化粧箱、青銅製の壺、盤、佩玉、玉、耳飾り、車馬具など多種多様な漢代中国の遺物が出土している。

それでは、ノイン・ウラ墳墓はいつ頃築造されたのであろうか。年代を決定する上でもっとも重要な資料は、コズロフによって発掘調査された第六号墳から出土した、漢字の銘のある漆耳杯である。

この耳杯は、底部外面に「上林」という二文字の銘がある。底部側面に「建平五年」に始まる漢字の銘文があることから、梅原末治らはこの容器を前二年に作られたものと決定した。

建平五年(前二)とは、匈奴の烏珠留若鞮単于が、従者五百人を従えて漢に入朝せんとした年である。当時哀帝が病気(翌前一年死す)であったため、漢王朝では匈奴単于の入朝を受け入れるかど

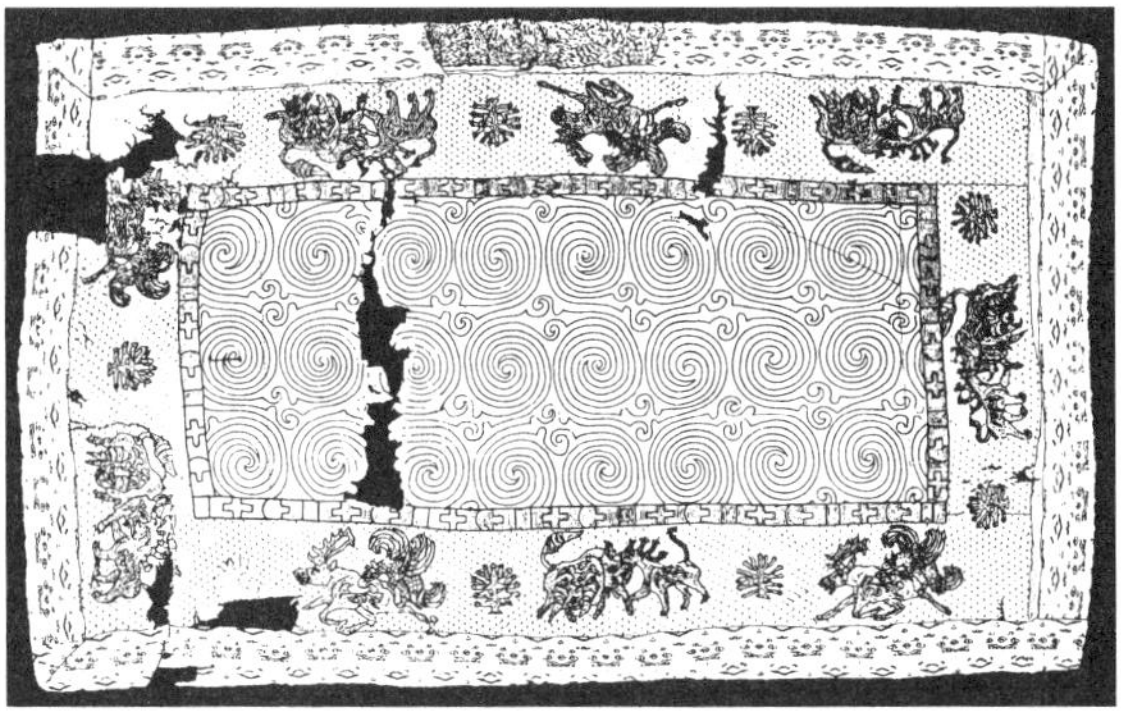

ノイン・ウラ第六号墳出土の敷物の紋様

うか悩んだが、両国の友好関係を重視して、翌年単于の入朝を認めた。その際、単于を上林苑の宮殿に滞在させ、多くの贈物を賜ったが、先の耳杯はそのときの贈物の中にあったものと思われる。とすれば、ノイン・ウラ第六号墳は、烏珠留単于が死亡した後一三年（始建国五）頃に造営されたと見るのが妥当であろう。

ノイン・ウラ墳墓群に大量に埋葬されている中国製の絹や錦の中には、「新神霊広成寿万年」という漢字が織りなされている錦もある。こうした絹織物は匈奴と中国（漢）がもっとも友好的であった時期の産物であり、この頃大量の絹が中国から匈奴の王侯たちのもとに流入していった様子が見てとれる。同時に、先のグリフィンに代表されるように、西方すなわちアケメネス朝ペルシアやパルチアなどに特徴的な構図の紋様も見られ、匈奴黄金時代の文化のささやかな一端を垣間見ることができる。

二――経済と産業

匈奴の経済的基盤が基本的には遊牧的牧畜にあり、その上で時折狩猟を行って生活の糧を得ていたことは、次の『史記』〈匈奴列伝〉の記述からも明らかである。

◈遊牧と狩猟

匈奴は家畜を放牧しながら転移する。その家畜で多いものは、馬、牛、羊であり、特殊な家畜は橐駝《たくだ》(ラクダ)、驢(ロバ)、驘《ら》(ラバ)、駃騠《けってい》、駒駼、驒騱《てんけい》である。水草を求めて移動し、城郭や常住地、耕田の業はない。しかしやはり各々分地を有している。文書はなく、言語でもって約束する。小児もよく羊に騎り、弓を引いては鳥や鼠を射る。少し年長となれば狐や兎を射て食用とする。士は力強く弓を引くことができ、すべて甲冑を着けて騎士となる。その風俗は、平和なときは家畜に従って移動し、鳥や獣を射猟して生業としているので、一旦急変あるときも人々は攻戦に慣れており、侵略攻伐するのが天性である。

文中に「平和なときは家畜に従って移動」するとあるのは、原文では「寛則随畜」と記されている。従来遊牧とは、人間が家畜を制御しながら引き連れて歩くものだと思われていたが、けっしてそうではないらしい。

今西錦司が、名著『遊牧論そのほか』（平凡社、一九九五）の中で述べているが、中国内モンゴル地帯で遊牧民と家畜の実態を観察していた氏は、きわめて不合理なことに気が付いた。それは、一部の遊牧民の間で他の帳幕が立ち去った後に移動したり、年百回も移動したり、草がなくなってから移動するというように、かれらの移動には合理的な配慮が欠けていることであった。

この不合理な行為は、人間が主導権を持つと考えると理解することができない。むしろ、逆に人間が家畜の習性に合わせて、家畜の群に追随しながら移動するのが遊牧であるとは考えられまいか。おそらく匈奴時代の遊牧もこのような形態のものであったと推測するのが妥当であろう。つまり、かれらは家畜と人間の共生を見事に実現させたのである。先の『史記』の原文に記された「随畜」という表現はこのような実態を表したものであろう。

現在もモンゴル草原からアルタイ草原にかけては、数多くの馬や羊の野生種が存在する。こうしたステップに棲息する野生種は、元来群をなして移動する性質を持つといわれている。『漢書』〈武帝紀〉の季斐注に、敦煌の原住民は牝の家馬を囮としてかかる野生の馬を捕獲し、馴致するということが記されているが、古代の遊牧はこうした畜群の習性を利用して牧畜生活を送るものであったのだろう。

もちろん、古代の遊牧民は動物たちの野生をそのまま放置していたわけではない。前五、六世紀頃のものと推測される、アルタイ・パズルイック墳墓に埋葬されている馬はすべて騸《せん》馬（去勢された牡馬）であったが、このことは馬群の人為的な制御に苦心していたことを示していたといえよう。とりわけ馬は戦闘用の重要な家畜であっただけに、他の家畜以上に統制が必要であったことはいうまでもない。

また、狩猟は遊牧を補塡するものと考えられがちだが、むしろ戦闘訓練としての意味を持つ。このことは、冒頓が父頭曼を殺害したとき（二四頁参照）に、狩すなわち戦闘訓練を利用してクーデターを成功させたことからも窺える。

◈農業

先に引用した『史記』〈匈奴列伝〉に「水草を求めて移動し、城郭や常住地、耕田の業はない」と記されていることから、建国当初の匈奴には農業が存在していなかったと思われていた。しかし、近年、林俊雄によって指摘されているように、冒頓時代の匈奴にはすでに農耕が存在しており、社会において牧畜と同様の重要な位置を占めていた。

近年、小長谷有紀によって、モンゴル高原では匈奴以来、外来の農民によって農業開発がしばしば行われていたことが指摘されている。さらに大谷育恵によると、一九九〇年代後半より開始された韓国・モンゴル共同学術調査報告で、二〇〇一年七月から八月末にかけて発掘されたモンゴルホドギーン・トルゴイ匈奴墓周辺においても農業定住化の痕跡が伝えられている。

匈奴において穀食の風潮が広く普及していたことは、老上単于のとき和蕃公主の傅役《もり》として匈奴に常駐した中行説（五四頁参照）が漢の使者に対して、

> 漢の使者よ多言するな。思うに、漢が匈奴に運ぶところの繒《きぬ》、絮、米、糵《こうじ》をその量の上で不足なく、その質の上でよくするだけのことだ。何の議論の必要もない。且つ供給されたものが不足なく質がよければそれでよし。不足で且つ粗悪ならば、秋、穀物がみのる頃、騎馬にて走り回って汝らの農作物を踏みにじるまでのことよ。

と述べていることからも明らかである。ただ、こうした穀物を食する風が広く一般大衆にまで及んでいたと見るのは疑問で、一部支配層に限られていたのではないだろうか。

　老上の父冒頓単于は、漢より美食好物を得ても、これを醜悪なものとして拒否したといわれているが（『漢書』〈楊惲《よううん》伝〉）、この逸話からは漢への対抗心とともに騎馬遊牧民族の誇りが窺え、冒頓にふさわしい。こうした冒頓のような考え方は、当時一般の匈奴の部衆も持っていたものと思われる。それゆえにこそ、中行説は老上単于に対して、「今単于が俗を変え、漢物を好む」（『史記』〈匈奴列伝〉）という風潮を戒め、匈奴の俗を守ることを進言したのである。

　ノイン・ウラ墳墓や、バイカル湖南岸のイヴォルガ城塞址からは、数多くの黍、粟、豆類の遺物が発見されている。これらがすべて人間の食用に供されたとは思えないが――おそらく冬季の

家畜の食料としての意味合いが強い――、匈奴国内に少しずつ穀食の風が浸透していったことだけは否めない。後に内付した南匈奴に対して、後漢が多量の穀類を支給している(一八七頁参照)ことから、後代になると穀食の風が顕著になったことを容易に推測できる。なお、匈奴国内における農業の経済的位置付けについては、次章において詳細に検討する。

◈商業と手工業

遊牧民族を、「先天的な商業民族」と最初に規定したのはエンゲルス(『家族、私有財産および国家の起源』)であるが、古代遊牧社会においては畜産品を加工してこれを専門に売買する商人はけっして誕生することはなかった。いわんや匈奴社会においてはなおさらである。

しかしながら、遊牧民が農耕民のように土地との関わりの中で自己完結的に生きていくことは不可能である。もちろん、かれらは日常生活に必要なさまざまな技術をある程度までは身に付けてはいたものの、金属製品や穹廬に使用する木材などはけっして生産したわけではなかった。それゆえ、かれらは漢人との交易を積極的に望んだのである。それが互市、関市と呼ばれるものであった。

漢と匈奴の間では、今日の代郡あたりに関市が開かれていたことが『史記』『漢書』の両書に記されている。漢代の賈誼が著した『新書』〈匈奴篇〉には、関市はもとより匈奴が犯滑して探求するところである。（中略）一関市ごとに、大いに屠沽するものや飯食物を売るもの、羮《ろう》臑《じゅ》多《た》膹《ふん》するものはそれぞれ一、二百人。そこで胡人（匈奴人）が長城の下に現れる。

とあり、関市を開いて漢の衣食を売れば、匈奴の人々が多数長城の下に集まって買い求めたと記されている。

先にも述べたように、匈奴には専業の商人が存在したわけではなかった。関市に集まった人々は匈奴の一般の部衆であったと思われる。こうした一般の牧民が商業取引に関わっていたことを示唆するものとして、次の『漢書』〈匈奴伝下〉の匈奴と烏桓の関係についての記述が注目される。

匈奴では前例に従って使者を派遣し、烏桓族より税を取りたてることにした。匈奴の人民婦女で〔烏桓と〕交易商売したいと願うものたちも、この使者に随伴してやってきた。

これは、従来烏桓が匈奴に納めていた皮布税の貢納を漢の護烏桓校尉が禁止したのに対し、匈奴が烏桓に皮布税の納入を督促する使者を派遣した際、匈奴の人民婦女が交易のため同行したことを記したものである。こうした記録から、当時の匈奴と漢との関市関係も、かかる一般牧民と中国商人との間の物々交換が主体であったと推定されるのである。

単于を始めとする匈奴王侯らには、毎年漢から多量の絹、絮、米穀などが贈られていたが、これらが一般の牧民たちにいかに分配されたのかは明らかではない。むしろ先に述べたように、漢の風俗は醜悪なりとして、その文物は一般牧民に拒否された風さえある。それゆえ、これら漢の文物が一般牧民に下賜されていたとは思われない。おそらく、これらの多量の絹、絮は西域の商人を通じて西方に流れていったものと思われる。

それゆえ、漢人との交易はけっして遊牧社会の商品生産を促すことにはならなかった。むしろ、その生産力の発展を抑える役割すら果たしていたと思われる節がある。

ノイン・ウラ墳墓より出土した大量の貴金属製品、および絹帛などの豪華な刺繍は、匈奴内にかなり組織的な手工業者集団が存在していたことを物語っているが、こうした製品は、匈奴支配下の漢や西方から来た職人たちが、みずからが編み出した表現、技法を駆使して制作したものと推定される。それゆえ、匈奴遊牧社会内部で分業が発展したわけではなかったのである。

三――匈奴人の衣食住

◈匈奴の衣類

前三〇七年、趙の武霊王が匈奴の騎馬戦術を模倣し、匈奴風の軽快なズボンの着用を採用したこと(一五頁参照)はあまりにも有名な話である。『史記』〈匈奴列伝〉には、

君王以下みな家畜の肉を食い、その皮革を身にまとい、旃裘《せんきゅう》を着る。壮者は肥食を食い、老人は余りものに甘んじ、壮健を貴び老弱を賤しむ。

とあり、匈奴では衣食住のすべてが戦時体制下にあったことが示されている。

「旃裘」とあるようにかれらの衣服は毛織物であったが、王侯たちは絹製品も身に着けていたようである。ノイン・ウラ墳墓の第六号墳から発見された羅紗製の冠帽の正面には左右に紅、茶色の羊毛で刺繍が施されていた。上衣は丈の長い筒袖の、いわゆる陣羽織風のものであり、下衣類では毛織物と絹布で作られたズボンと足袋が出土している。

ノイン・ウラ墳墓より出土した衣類は、その豪華な装飾および刺繍から王侯たちのものである

ことが明らかだが、匈奴人の衣類を反映したものには違いない。それらを見ると防寒と耐久性に意を注いでいることが明らかである。

◈匈奴の飲食

匈奴の主な飲食物は、畜肉と各種の乳製品であった。肉は羊肉が主で、時には牛肉も食したが、鶏肉はあまり食べなかったようである。遊牧民の移動生活には鶏の飼育は適さず、せいぜい狩猟で得られた鳥類を食す程度であった。

肉類と並んでかれらが好んだのは、酪《らく》、酥《そ》そして馬乳酒であった。酪とは今日の凝乳、すなわち酸、酵母菌、あるいはレンネットなどをもって乳を凝結させた固形の乳製品である。それらを食する際には容器を用いる必要がなかったので、移動生活の多いかれらにとっては便利な食品だったのであろう。

酪を煮詰めて矩形や球形に整え、陽にさらして乾燥させたものが酥で、固乳ともいわれる。これは粉末にして湯で溶かして飲用する。酸味が強く、渇きを癒やすのに効果があり、夏に多く飲用される。

また、「挏馬《とうば》酒《しゅ》」(『漢書』〈礼楽志〉)ともいわれる馬乳酒は、革嚢に入れた馬乳を棍棒のようなもので打ったり攪拌したりしてつくられた。この作業には相当長い時間を要し、根気が必要だが、やがて馬乳は酸味を帯びて酒に変わる。古いものはアルコール度が四六パーセントにも達し、モンゴル草原の遊牧民の間で広く好まれている。

因みに、馬乳酒は匈奴より漢に伝えられ、漢の上流社会で好まれたことが『漢書』〈礼楽志〉に記録されている。中国人は、馬乳酒には毒を消し、渇きを止め、解熱の効果があるとして珍重した。匈奴人の強靭さの源は馬乳酒だったのかも知れない。

その他に匈奴人は一部の穀類をも食していた。匈奴の各地で農業が行われていたことは先に述べたが、特に豆類が好まれたようである。中国人はこうした北方または西北方に産する豆を胡豆と呼んでいた。また米糵粟をも食していたことは、老上単于時代、中行説が漢に米糵を要求していることからも明らかであるが、これは匈奴内に多く在住した漢人の要望に応えたものとも受けとれる。

また、かれらは西域より葡萄《ぶどう》、胡瓜《きゅうり》、苜宿《うまごやし》、胡姜《しょうが》、胡麻などをも輸入していた。ことに後一世紀の烏珠瑠若鞮単于は葡萄を好んだようで、かれが漢に入朝した折、接待した漢使がかれに大量の葡萄を与えたことが、中国史書に記録されている。

◈匈奴の住居

「匈奴では父子がなお穹廬を同じくして臥している」(『史記』〈匈奴列伝〉)とか「広野をもって閭里とし、穹廬をもって家室としている」(『塩鉄論』〈備胡篇〉)と記録されているように、匈奴の住居は移動性の穹廬であった。

遊牧騎馬民族の住居が移動可能のものであるのは至極当然なことであるが、内陸ユーラシアの諸民族の穹廬には三つの種類がある。この点について江上波夫が詳細に研究されておられるので、氏の研究を参考にしながら整理してみると次のようになろう。

①上の居室部と下の車部とが一体となって固定されているもので、居住者はつねに車上で生活し、地上で寝ることはない。

②上の居室部と下の車部が分離できるもので、一ヶ所に長く定住する場合は、上部の居住部を外して地上に設置し、その中で起居する。

③今日の蒙古包に代表されるように、上の居室部が折疊式のテントとなっているもので、一ヶ所に留まるときはそのテントを下ろし、地上で組み立てる。

江上によれば、匈奴の穹廬は①の車上穹廬であったらしく、居室部の周壁は柳材よりなっていた。柳材が使用されたのは、しなやかで弾力性に富むからである。車上穹廬は、スキタイ、フンおよび高車（バイカル湖南辺の民族）など古代騎馬遊牧民族に広く使用されていた。

だが、こうした住居の様式は時代と生活様式によって変遷する。漢に内付して中国北部に移住した南匈奴では、②の移動の際には車に積む居住室と車の分離方式が採られていたようである。しかしながら、すべての匈奴人が車上穹廬の生活をしていたわけではなかった。イヴォルガ城塞址の住人たちは、屯田兵、あるいは金属製錬業者として定住生活を送っていた。このことは、ここに住まわされた人々の多くが、中国北辺から拉致された漢人たちであったことを推測させる。さらに、一九四〇年に旧ソ連ハカス自治州で発見された邸宅址（李陵の宮殿址といわれている）に代表されるように、匈奴に投降あるいは亡命した漢人たちが住む地域の住居は、やはり定着式のものであった。

四――匈奴人の風俗、習慣

◈貴壮賤老

匈奴では年長の男子、それも壮年の男子の権能が強大で、老人は無力であるとして虐待されたことは先に述べた(一〇四頁参照)。これについて、匈奴に投降した漢人中行説は漢の使者に対し、次のように答えたことが『史記』〈匈奴列伝〉に記されている。

匈奴は戦争を公然の本務としている。老弱者は戦闘することはできないので、もっぱら壮者に美食させ、それでみずからも国を守っていると考えているのである。それでこそ父老も長く身を保つことができるというもの、どうして匈奴が老人を軽んずるなどといえよう。

以上のように匈奴の風俗、慣習は、すべて掠奪戦争を第一義的に考えるところから発生している。この点、土地と深く関わる農耕民が、老人の知識と経験を大切にして、かれらを村落の長として尊敬していたことと対照的で興味深い。ここにも遊牧民の現実性が顔を覗かせているといえよう。

◈婦人の地位と嫂婚制

匈奴においては老人が蔑まれる反面、婦人は重要な役割をしばしば演じている。冒頓単于によって平城の地に包囲された漢の高祖が、冒頓の閼氏に賜物をして囲みを解いてもらった逸話（二八頁参照）は、匈奴内における婦人の地位の高さを象徴している。これは、次の一文からも了解されるだろう。すなわち『後漢書』〈烏桓伝〉に、

〔烏桓は〕若者を貴び、老人を賤しんだ。その性格は猛々しく頑固で、怒れば父や兄すらも殺すが、しかし母親にはついに危害を加えなかった。そのわけは、母親には肉親の一族があり〔もし母を殺せば復讐を受けることを免れないが〕、実の父や兄は〔殺しても〕一族のものから報復を受けなかったからである。

とあり、母方の一族の報復が恐れられていることが記されている。こうした傾向は匈奴でも見られ、狐鹿姑単于死後の母閼氏の策謀（六〇頁参照）などを例に見ても、母方一族の強大さを見てとることができる。

匈奴では「父子兄弟が死ねば、その妻を娶って妻とする」（『史記』〈匈奴列伝〉）といういわゆる嫂婚制が行われていた。これは後のチンギス・ハン時代のモンゴル帝国にも見られるが、家系を相続したものが先代の妻を継承することによって、種姓の血統が失われていくことを避けたものであ

る。それは、妻とは一定の代償を支払ってその出身氏族から得たものであり、父、兄の妻を得ることによって、血族の団結を保ち、財産の流出を防ぐという氏族機構の原則が貫かれていたからである。

◈匈奴の葬礼

葬礼はその民族の風習をもっとも端的に示すものであるが、匈奴では剺面《りめん》、剪髪、殉死などが行われていた。

死者を弔うため、葬送のとき顔面に刀傷を付ける風習を剺面という。剺面には、死者の額に血を流すことによって死者と遺されたものが一体化し、死者を蘇生させんとする意味合いがあった。この風習は独り匈奴のみならず、北方ユーラシアの諸民族に広く行われ、スキタイ、フン、突厥、女真(一二世紀に金を建て北中国を支配したツングース系民族)などにも見られる。

『東観漢記』〈耿秉伝〉に、

南単于は国を挙げて喪を発し、剺面流血した。

とある。この記事は、南匈奴単于の心服を得ていた後漢の征西将軍耿秉《こうへい》が死んだ際、南匈奴の部衆が国を挙げて嘆き悲しみ、剺面して号泣したことを伝えたものである。

霊魂が宿るといわれる頭髪の一部を抜いて死者に捧げ、死者の霊魂を呼び戻す風習を剪髪という。この風習は剺面と同じ原義を持つものである。ノイン・ウラ墳墓から発見された多くの弁髪(一一頁参照)は、この風習の存在を示すものであろう。

おそらく、匈奴では剺面、剪髪が同時に行われて、死者を弔ったようである。匈奴では、単于が死ぬと、寵愛された臣妾が時には百人も殉死する(『史記』〈匈奴列伝〉)と伝えられていたが、剺面、剪髪には殉死を形式化し、遺されたものたちの犠牲を防ぐ意味合いがあったのであろう。体の一部を埋葬することによって犠牲の軽便化を図り、死者への哀悼の意を表明したのである。剺面、剪髪の風が広く匈奴内に普及したのは、殉死によって失われる命を救うためであった。これによって貴重な労働力および戦力の喪失を防ぎ、共同体の弱体化を未然に防止したのである。

◈法律

匈奴の法律については、『漢書』〈匈奴伝上〉(『史記』とほぼ同文)に次の如く記述されている。

〔匈奴の〕法律では、刀刃を抜くこと一尺〔に達するもの〕は死罪。盗罪に問われたものはその家(家産)を没収する。その罪が小罪ならば軋《あつ》し、大罪ならば死刑にする。獄に拘置されるのは長いものでも十日〔に満たず〕、〔それゆえ〕国内の囚人は数人にすぎない。

単于は朝は営舎(穹廬)を出て日の出を拝し、夕には月を拝する。坐るときは左側を尊び北を向く。日は戊己を尊ぶ。(中略)事を挙行するにあたっては、星や月を観察する。月が盛壮であれば攻戦し、月が欠ければ兵を退ける。攻戦では、斬首や捕虜〔を得たもの〕には一卮《し》の酒を賜い、取得した鹵獲《ろかく》品はそのものに与えられる。人間を得ればそのものを奴婢とする。それゆえ、戦争にあたっては人々は自然と利を得ようと努め、よく誘兵して敵を討ち取る。そこで、敵を見れば鳥が集まるが如くに利を逐い、困敗すれば瓦が砕け、雲の散るが如くに分散する。戦闘中死者を輿に乗せて帰ると、その死者の家財をことごとく得られる。

以上の記述を見ても明らかなように、匈奴の法律はきわめて簡潔であった。平時に刀剣を一尺以上抜いたものは死刑とあるのは、剣とは戦時において使われる神聖なもので、これを疎かにするものを厳しく罰したのである。かれらは「径路」と称するペルシア型短剣を神聖視していた。『漢書』〈匈奴伝下〉の呼韓邪単于と漢の韓昌、張猛が血盟を交わした件りに、

昌、猛と単于および大臣はともに匈奴の諾水東山に登って、白馬を刑した。単于は径路刀、金留犁をもって酒を撓《ま》ぜ、老上単于が破った月氏王の頭飲器とされる〔杯〕から、ともに飲んで血盟した。

とあることからも、かれらの「径路刀」への崇拝ぶりがわかる。

また、窃盗罪に問われたものは家を没収されるとあるが、後半部分に「死者を輿に乗せて帰ると、その死者の家財をことごとく得られる」とあるように、この家とは家産を意味し、没収者は族長であったと思われる。

罪の軽重の決定は君長の手に委ねられていたようだが、囚人の数はきわめて少なく、刑罰は軋刑と死刑の二つしかなかった。軋刑とは足の踝を轢砕することで、戦士としての能力を奪う意味があった。匈奴では戦闘能力のないものは虐待されたので、踝を轢砕されたものが一生惨めな生活を強いられたことは容易に想像できる。

騎馬遊牧戦士の誇りは草原を疾駆して敵を弓で射て討ちとることであり、戦争にも参加できずに罪人として生き続けるのは死よりもつらいことであった。国内の囚人が数人であると記録されているのは、騎馬遊牧民の誇りがそれを許さなかったことを示している。

匈奴の法律が戦時を基準にしていたのは、先に触れたようにかれらの生活そのものが戦時体制下にあったからである。かれらが左側を尊んだのも、体の左側面が射戦の折つねに敵に面する重要な部位であったからであろう。

◈祭祀

匈奴の宗教観念が北アジア世界に普遍的なシャーマニズム信仰であったことは広く知られている。匈奴の祭祀について、『史記』〈匈奴列伝〉には、毎年正月、諸長は単于庭に集まって小集会を開いてお祭りをする。五月には蘢城で大集会を開いて、その先祖、天地、鬼神のお祭りをする。秋、馬の肥える季節には蹛林《たいりん》にて大集会を催し、人や家畜の数を調べる。

とある。こうした記録は、後の南匈奴についても同様で、『後漢書』〈南匈奴伝〉には、

匈奴の風習では、〔一年に〕三回の竜祠があって、正月、五月、九月の戊日に天神を祀る。南匈奴が〔漢に〕内付してからは、漢の天子も一緒にお祭りした。その際、諸氏族が集合して国事を議したのである。〔かれらは〕馬やラクダを〔競〕争させて楽しんだ。

と伝えられている。

匈奴の祭祀については江上波夫の研究がくわしいが、それによると、蘢城とか竜祠といわれるのは、自然の樹木を立てたりした現代のオボの祭壇のようなもので、その周囲を回って祭祀を行うのであるという。だが、史書に記された正月の集会は遊牧民にとって不自然なものであり、中国の正月儀礼をまねたものであろうと推定されている。この頃になると多くの漢人たちが単于の側近として活躍していたが、正月の集会はこれら漢人たちによってもたらされ、単于によって

採用されたものであろう。

五月と九月はそれぞれ夏営地、冬営地に移動する時期にあたり、遊牧民の生産活動の上でもっとも重要な節目の時期である。このときにお祭りをして、それぞれの部族の団結を確認したものと思われる。このときに祀る先祖というのが、匈奴の中核氏族である攣鞮氏の先祖であることはいうまでもない。この点については、章を改めて詳細に検討してみたいと思う（一四六頁参照）。

五——匈奴の文字

◈漢字借用説

『史記』〈匈奴列伝〉には「文書はなく、言語をもって約束する」とあり、匈奴には文字がなかったと記されている。それゆえ、北アジアの諸族の中で最初に文字を創り出したのは六世紀に登場した突厥族であり、それ以前は文字が存在しなかったとする見解が今日では定説化している。果たして本当に匈奴には文字がなかったのだろうか。

先に紹介した中行説は、「単于の左右に疏記を教え、その人衆、畜物の統計調査をさせた」(『史記』〈匈奴列伝〉)とあるように、匈奴国内で「疏記《そき》」すなわち「箇条書き」を教えて、統計調査の大切さを単于の近習に説いていたようである。中行説が単于の近習にそれを教えたということは、こうした統計調査に対し、それまでは匈奴支配層が無関心であったことを示しているといえよう。

当時、匈奴に文字が存在していたか否かはともかくとして、漢の高祖の死後、冒頓が呂太后に書簡を送りつけている事実(三〇頁参照)からも、中行説以前に匈奴が漢との間で外交文書を交わしていたことは明らかである。また、前一六六年に漢は匈奴に書簡を送ったが、その返書は当戸の且居彫渠難《ちょうきょなん》および郎中の韓遼を通じて文帝のもとに送られている。彫渠難はその名より胡人と思われるが、韓遼は漢人と推定される。

中行説が匈奴単于の側近となった以前から、匈奴内にこうした漢人たちが居住していたことは確認されている。それゆえ、その中の有識者が、単于の側近あるいは近習として外交文書の作成に携わっていたことは間違いない。その文書が漢字で記されていたのか匈奴文字で記されていたのかはわからないが、匈奴の一部で文字が知られていたことは事実である。中国の考古学者郭素新は、匈奴は漢字を借用していたと述べている。

◈文字か？　記号か？

早くから、漢字以外に独自の文字が匈奴に存在した可能性が指摘されている。例えば、旧ソ連のグミリョフは、その著『匈奴』（一九六〇）の中で匈奴文字が存在した可能性を指摘している。

モンゴル西北部のイェニセイ河上流域で、古代モンゴル人が石に刻んだ書と記号が発見されている。これが匈奴文字かどうか不明であるが、かれらは骨や木を刻んで書信としていた。旧モンゴル人民共和国時代では匈奴史学者ドルジスレンが、一四の匈奴文字を紹介している。ドルジスレンの研究は、『北匈奴』と題して一九六一年にウランバートルにて出版された書籍に述べられている。かれの研究は志賀和子によって日本でも紹介されており、前述の郭素新も取りあげている。

ドルジスレンによって紹介された匈奴の文字と思しきものは、いずれも中国製の漆器および土器の底部に刻まれたものである。西ドロー城塞址から出土した土器底には八、ノヤン山のノイン・ウラ墳墓から出土した土器にはY、M、ꝋ、ᚼ、ᛦ、タシュトゥク期の墓から出土したシャガイ（家畜の骨で作ったサイコロのようなもの）には人、ω、ち、し、アバカン市の邸宅址からはϒ、P、ʆ、ռなる記号が発見されている。これらの一四文字の中には、後の突厥碑文の字母と共通する記号が含まれていることが注目される。だが梅原末治は、これらを漆器や土器の所持者のサインの類であるとして文字とは認めていない。

匈奴文字の存在は、モンゴルの考古学者ペルレーによっても唱えられている。ペルレーは匈奴時代の住居址の発掘に勢力をそそいでいるが、モンゴル国ヘンテェ県にあるシャン・ハド山で多数のタムガ型印を発見、これを匈奴時代の文字の萌芽とみている。このようなタムガ型印はひとり匈奴ばかりでなく、鮮卑の社会でも大人の命令伝達の際に使われていたことが、『漢書』〈烏桓・鮮卑伝〉でも現れている。それゆえ、これらのタムガ型マークが、匈奴文字に連なるものと見るのは早計であろう。

確かに突厥文字の中にはんやϒなどの文字があるが、これらの文字の起源をこうした匈奴の記号に求めるのは、あまりにも根拠が薄弱である。現在、陰山山脈周辺及びモンゴル各地より岩壁画といわれるものが続々と発見されている。とりわけ寧夏回族自治区にある賀蘭山岩画は量も豊富で、その起源は春秋戦国にまで遡る。それらの岩画には動物の絵柄などとともに四百以上にも及ぶ記号らしきものが刻まれている。これらの多くは年代決定すら難しく、研究は緒に着いたばかりである。ドルジスレン同様、私も匈奴時代に文字は存在したのではないかと思うが、残念ながら現在の段階ではそれらは記号であって、文字として確立したものではないといわざるをえない。

第四章

匈奴の社会

一――匈奴の部族組織

これまで遊牧国家の構造――政治機構、軍事組織、社会構造など――を考える場合、必ずといってよいほど関連付けられたものは、種族や部族および氏族と呼ばれた集団との関係であった。そこで、本章ではこうした集団の性格、概念を明確にした上で、その社会構成について考えてみたい。

◈種の意味

一般的に中国人が、北方民族に関する民族誌的記載をなす場合、その集団の単位を大きさや性格に合わせて、類、種、部、氏、姓、邑、落、戸、帳、家などの諸語を用いて表現している。とりわけこれらの用語の中で注目されるものは、種、部、氏である。しかし、これらについての中国人の記載は、きわめて断片的であり、時には多くの誤解を生み出してきたことも確かである。

匈奴の集団についてもっとも詳細な記載は、『晋書』〈北狄・匈奴伝〉に見える次の記述である。

北狄〈匈奴〉は部落をもって類となす。長城内に入居したものには、屠《と》各《かく》種、鮮支《せんし》種、冦頭《こうとう》種、烏譚《うたん》種、赤勤《せききん》種、捍蛭《かんしつ》種、黒狼《こくろう》種、赤沙《せきさ》種、鬱鞞《うつへい》種、萎莎《いさ》種、禿童《とくどう》種、勃蔑《ぼつべつ》種、羌渠《きょうきょ》種、賀頼《がらい》種、鍾跂《しょうき》種、大楼《たいろう》種、雍屈《ようくつ》種、真樹《しんじゅ》種、力羯《りきけつ》種の合計一九種がある。みな部落を有して、雑りあうことはない。屠各〔種〕がもっとも強力で地位が高い。ゆえに〔屠各種のものが〕単于に立って諸種を統領する。

ここでは、屠各種が匈奴一九種を統括していたとされている。この記載は後三世紀のものであり、匈奴の最盛期である前三世紀からは四百年以上経過していて、安易に結びつけることはできないが、単于を輩出した攣鞮氏が屠各種に属していたことは、先学たちの研究によって明らかである。『漢書』〈匈奴伝上〉には、

単于の姓は攣鞮氏で……。(中略)呼衍氏、蘭氏、その後に須卜氏があり、この三姓が匈奴の貴種である。

とある。さらに『後漢書』〈南匈奴伝〉では、単于姓を虚連題氏に作っており、貴種として新たに丘林氏が加えられている。他に屠各種の中には、当于、張、路氏の名も見え、全部で八氏より構

成されていたと推定される。そしてこれらの八氏が攣鞮氏を中心に婚姻関係で結ばれていたこと、そしてそれらを守るために匈奴では嫂婚制が行われていたことは先に述べた(一一〇頁参照)。

匈奴の中核をなしていた屠各種が、こうした婚姻関係によって結ばれていたとするならば、他の一八種もまた同様の血縁集団であったことが推定される。しかも、これらの種族が互いに相雑錯することなく部落を形成していたということは、婚姻集団が同時に政治的な生産集団であったことを推定させる。

◈匈奴という名称

このように、「種」なる用語は政治的な部族集団を表すものとして使用されていた。それでは「種」と匈奴という名称とは、どのように関連していたのであろうか。

内田吟風は、屠各と匈奴という呼称について、前者を「旗を持つ部族」という意味の一種の普通名詞として捉え、後者が本来の固有名詞であろうと推定された。

だが冒頭で触れた(八頁参照)ように、匈奴なる名称は戦国時代の中国人によって命名された節がある。後述する(一三三頁参照)ように、戦国期の中国人が、中核氏族攣鞮氏の音韻と匈奴という蔑称とを結び付けて名付けたものと考えられる。

匈奴という名称は二つの意味で用いられていたようである。前一七六年、冒頓単于が文帝に送った書簡(三二頁参照)の中で、天の加護と吏卒の優良と馬匹の強力とによって月氏を滅ぼし、これをことごとく斬殺し降服させ、楼蘭、烏孫、呼掲および近隣の二十六ヶ国を平定し、その地をみな匈奴に合わせた。

と述べているように、匈奴とは北アジア諸部族統合の象徴としての意味もあった。『晋書』〈北狄・匈奴伝〉の冒頭に、「匈奴の類は、これをすべて北狄という」とあるように、中国人は種とは別個に類なる用語を用いて匈奴を表現している。ともにモンゴル系であるといわれる契丹《きったん》と奚《けい》について、「種は異なるが類は同じ」(『魏書』〈契丹伝〉)と記されているように、中国人は種を類より限定された対象として扱っていたようだ。それゆえ、匈奴なる名称は勃興当時は一部族の名称であったが、やがて北アジア諸部族統合――中国人にとっての北狄――と同じ意味として使用されるようになっていくのである。

このようにみてくると、匈奴という名称は、北アジア諸部族の統一体としての政治集団であると解釈できるのである。

◈部の概念

匈奴を構成する一九の種族が、それぞれ数氏(姓)からなる姻戚集団を構成していたことは、先の説明でおわかりになったと思う。ところが中国史料においては、こうした氏や姓なる用語は、部と呼ばれる集団と関連付けて語られることが多い。たとえば『後漢書』〈南匈奴伝〉には次のような記事がある。

〔日逐王の〕比は〔蒲奴《ほど》を〕懼れ、ついに南部の主なるもの四、五万人を斂めた。（中略）八部の大人は共議して比を擁立し、呼韓邪単于とした。

北庭（北匈奴の王庭）は大いに乱れ、屈蘭《くつらん》、儲卑《ちょひ》、胡都須《ことす》など五十八部、人口二十万、勝兵八千人が、雲中、五原、朔方、北地の諸郡に来降した。

前段は後四八年（建武中元二四）、後段は八七年（建初一二）のできごとを記録したものだが、『後漢書』には他にも部という語を用いた例が多く散見される。

こうした部は、それぞれ大人すなわち首長を擁していた。ここでは部は氏や姓と同一の意味で使用されており、氏や姓の別表現として位置付けられよう。

◈部の構造

部を複数のリネージを包含した氏族と解するのが、山田信夫を始めとするこれまでの学界の大方の意見である。

先にも述べたように、中国史書では、邑、落、戸、帳、家などの語によってより小さな単位が表現されている。内田吟風は、『三国志・魏書』〈烏丸伝〉に見られる烏桓、鮮卑の初期社会構成を例として、戸は口数約七、落は二～三戸の穹廬群（帳）、邑は七～八落で二十数戸が集まったものとされ、これら邑がいくつか集まって一部族（＝氏族）を形成していたとされている。

このように、隣接する烏桓らをよりどころとして匈奴の社会構成を探る方法は、近年の加藤謙一によっても受け継がれている。ただ加藤は、部を部族と見なして数氏（旧氏族共同体）が結合したもの、戸は対偶婚家族、落を小家族、邑を世帯共同体と規定されている。加藤の方法は、フリードリッヒ・エンゲルスが『家族、私有財産および国家の起源』（以下『起源』と略す）の中で示した方法論を匈奴社会に適用されたものであり、その社会を『起源』に記されているゲルマン的形態にあてはめたものである。

匈奴社会の一部に、後一世紀のローマの歴史家タキトゥスが描いたゲルマン社会と共通する部分があったことは事実である。例えば先に引いた（一一三頁参照）ように、掠奪戦の際の恩賞が個々の戦士を対象に分配されていることなどは、個人的な小規模経営が中心であったゲルマン社会とよく似ている。

だが一方で、狩猟社会から定着農業に移行したゲルマン社会と、移動生活を業とする匈奴遊牧社会では、生産様式がまったく異なることを忘れてはならない。エンゲルスが描いたゲルマン的な形態とは、土地所有のありようを小規模な経営主体として捉えることであり、土地との関わりの希薄な遊牧民の経営方法と安易に結び付けることは正しくないであろう。

むしろここで注意しなければならないことは、中国人が「戸」と表現した匈奴の穹廬群が、牧草地を保有する「部」の下でいかなる位置にあったかということである。断片的ながら、中国人が北方異民族を紹介する場合、つねに部や氏を念頭に置いて表現していることは、遊牧社会における部族組織の重要性を示す証左ともいえよう。

◈氏の性格

単于姓の攣鞮氏を始め、匈奴にはいくつかの氏族名が認められる。史料上の制約があるとはいえ、その多くが支配層を形成していたと見られることに注意すべきである。なぜなら中国史書に見える「氏」は、いずれも匈奴の中核種族たる屠各種に属しているからである。

匈奴の氏について他に先がけて注目されたのは、内田吟風、山田信夫の両氏である。内田は、匈奴における氏を中世モンゴルの血族団体obog-oboxすなわち同一の骨yasunに属する血族と考えた。また山田は、氏あるいは姓を大人を持つ部と呼ばれる集団と同義語であると考えた。要するに山田は、匈奴に見える氏を、エンゲルスが理解したギリシア・ローマのゲンスgens、およびモーガンがその著『古代社会』で示したアメリカ・インディアンのイロクォイ族に見られるクランclanと類似した古い血縁的な組織と認識されているのである。それゆえ、山田による解釈によれば、氏には族長(大人)と族民(氏人)が包含されるのである。このように、匈奴における氏を血縁関係を紐帯とした氏族組織として理解する考え方は、先に引いた加藤謙一にも見られ、これまでの論者に共通する認識である。

匈奴における氏を古い血縁組織と見る考え方は中国の学者にも見られる。その代表は林幹である。林幹は、単于姓の攣鞮氏と呼衍氏らの姻戚氏族間に見られる族外婚制を根拠として、匈奴の氏を古い氏族組織であると見る。ただ林幹は、匈奴では前三世紀以降古い氏族組織の解体傾向が見られるとし、家族による独立的な生産経済の可能性を同時に指摘している。

これに対し、匈奴においては貴族層では氏族、牧民および奴隷層は家族が基本的な組織単位であって、一般牧民には氏族制度が存在しなかったと主張したのが馬長寿である。馬長寿の著『北狄与匈奴』(北京、一九六二)によれば、かつては匈奴の牧民にも氏族が存在していたが、度重なる征服戦争のもとで多くの氏族が瓦解し、それを構成していた一般牧民は流浪の生活を余儀なくされ、孤独な個人へと分散していく。そして、一般牧民は貴族層の剰余労働とその搾取のため、氏族に発展できないばかりか初期の血縁的紐帯すら分解されて、奴隷予備軍と化したのであると主張される。

確かに馬長寿のいう匈奴牧民の離散は、中国諸史料にも散見される。特に伊稚斜単于の時代以降、こうした現象が顕著に見られることは、第二章をご覧いただければ明らかであろう。しかし同時に、前五八年に呼韓邪が握衍朐鞮単于配下の部衆を糾合したことや、後漢期に北匈奴の部衆が南匈奴の各部に合流したこと(一八八頁参照)からも、離散した牧民が再び部といわれる組織のもとに糾合されている事実を見てとることができる。

要するに、遊牧経済という生産形態を放棄しない限り、一般牧民は牧草地の支配権を有する部、氏族との関係を断ち切ることができず、氏族組織の紐帯より抜け出せなかったのではなかろうか。

◈氏と氏族の関係

前節において、私は匈奴の氏についての多くの論者の見解を紹介してきた。かれらに共通していえることとは、氏を古い血縁的な氏族組織であるとする認識を持っているということである。これは、「氏という語は霊魂を意味するウチで威力ある霊魂の、その威力の及ぶ範囲内にあるウチの力を受けている人々の団体を指す」という民俗学者折口信夫(『古代研究』中公クラシックス、二〇〇二)の定義を踏襲するものであり、日本では明治以来共通する認識である。

確かに、匈奴に見える氏が血の団結を原理として成立したことを、あえて否定するつもりはない。しかし、こうした血縁的紐帯のみに目を奪われて氏というものを固定的に捉え、時代とともにその内容が変質していることを忘れてはいないだろうか。

一、二世代ならば血縁集団はさして大きな規模でもなく、その結び付きは強固であろう。だがそれが数十世代に及べば、その集団が巨大なものとなる反面、血縁的な結びつきが薄れてくることは必然である。にもかかわらず、四百年の歴史の中で、匈奴ではその君長たる単于の位が一貫して攣鞮氏を名乗る男子によって独占されたことは動かせない事実である。この事実を私たちは、いかに解釈したらよいのだろうか。

例えば、単于姓たる攣鞮氏はいく度も数流の家系に分かれて内部紛争を起こし、そのことが匈奴そのものに二度（東西、南北）にわたる大分裂を引き起こす原因ともなった。もしも攣鞮氏が、族長と族人を含む氏族共同体であったとするならば、その内部の氏族民はその度に引き裂かれ、氏族としての機構が存続しえないはずである。このことは、その他の呼衍氏や須卜氏らにも同様にいえることである。匈奴における氏族構成の解明は、史料的制約によりきわめて困難であるならば、私たちは袋小路に陥るしかないのであろうか。

◈氏は政治的産物

中国史書においては、氏と姓という用語が同義語として使用されている。このことは、「単于の姓は攣鞮氏である」（『漢書』〈匈奴伝上〉）とか、呼衍氏、蘭氏、須卜氏についての「この三姓が匈奴の貴種である」（『史記』〈匈奴列伝〉）という表現からも明らかである。

ところが、このように記録した司馬遷が、同じ匈奴列伝中の匈奴の風俗を述べた件りでは、匈奴には姓と字はない（「無姓字」）と記している。慎重に検討してみると、この記述があるのは匈奴の一般牧民の風俗、習慣について述べた部分であり、匈奴の貴姓について述べた部分とは明確に区別されていて、両者の間に何ら矛盾がないことがわかる。つまり司馬遷は、貴人層には姓があったが一般牧民にはなかったと認識していたのである。

『晋書』〈沮《そ》渠《きょ》蒙《もう》遜《そん》載《さい》記〉に、「張掖の左沮渠の沮渠氏」という記述がある。沮渠（且渠）とは、単于の側近として当戸と並んで宮廷実務を担当していた匈奴の官職の一つである。これらの上にはそれぞれ大当戸、大且渠という単于の側近グループを統轄する役職が置かれていたが、それらは主として姻戚氏族によって代々継承されていたのである。

匈奴の氏族の中には沮渠氏なるものが登場するが、これは沮渠という官職が時代とともに世襲化し、それが氏族名として命名されたものと推定される。それゆえ、氏姓を冠せられた人々は匈奴支配層に属しており、氏がきわめて政治的な産物であることを示唆している。

日本古代社会に登場する氏を検討した津田左右吉は、「氏を政治的な支配によって統合された団体」（『日本上代史の研究』『津田左右吉全集』三、岩波書店、一九六四）と主張して、clanのような原始的な部族と区別して考えたが、匈奴と古代日本という民族、生産形態の相違を考慮に入れても、首肯に価する見解ではないだろうか。

◈攣鞮氏と匈奴の関係

『史記』〈匈奴列伝〉には匈奴の君長、すなわち単于の出自についての記載がないが、『漢書』〈匈奴伝上〉には「単于の姓は攣鞮氏である」と明記されており、『後漢書』〈南匈奴伝〉では「虚連題氏」に作られている。

匈奴の原音Hsiung-nuについては、白鳥庫吉博士以来多くの人々によって研究されてきたが、プリーブランクは匈奴の原音Hsiung-nu (hioŋ-nou) をギリシア語のfloh-teh,vlan-tehに比定し、匈奴と攣鞮は同一の語源に由来するものと考えた。部族名とその首長の姓が同一の語源に由来する例は、鮮卑賀蘭部や九姓葛羅禄など北アジア諸族に広く見られる。匈奴の場合も、単于姓である攣鞮と部族名である匈奴の語源を同一であるとする説は大いに注目されてよい。

匈奴の場合、部族名たる匈奴の名が早くより知られていたので、部族名が首長姓に先行したものと推定される。匈奴が北アジア諸族の覇者となりえたのは、冒頓の時代からであった。それゆえ、匈奴では冒頓の家系の出身者による単于位の継承が確立されると、冒頓の家系を他の氏族より区別する必要から、部族名をもって首長姓としたとも考えられる。とすれば、私たちは匈奴の国家構造を見ていく場合、匈奴国家の創始者冒頓の登場より見ていく必要があろう。

◈特別家族の出現

匈奴の中核種族は屠各種であり、その中心が攣鞮氏であった。その攣鞮氏の中でも、冒頓の家系の出身者は単于の位を独占し、特別家族としての地位を確立していった。

中核氏族内の中心的な氏族の首長が、大人としてその社会の構成員の尊崇を受けたことは、独り匈奴のみならず広く北アジア諸族に見られる現象である。今それを示す典型的な例として、匈奴の北西に位置した堅昆族のものと推定されるタガール遺跡について触れてみよう。

前七世紀から後一世紀に至る長期にわたってイェニセイ河上流域のトゥバ川周辺のミヌシンス

ク盆地一帯で栄えた文化は、タガール文化と呼ばれている。

この文化を担っていたと推定される堅昆族は、ヤギを主体とした山岳牧畜を営み、副次的に農業にも携わって半農半牧の生活を送っていた人々であった。

この文化の中心であるサラガシュ文化期（前四〜前三世紀）の特徴は、クルガンと呼ばれる積石墳墓である。この時期のクルガンの特徴は、四角の石籬と柱状の立石、そしてゆるやかな土盛りである。墓の周囲に立てられた石柱は、平均の高さ約一・五メートル、重さ一トンの巨石である。

現在、イェニセイ河右岸のサラガシュ湖周辺に六基の墳墓が残り、グリャズノフらの手でそのうち第二号および第三号クルガンが発掘された。

第二号クルガンは三基の墓で構成されている。第一号墓には三体の遺体が埋葬され、土器、青銅のナイフ、青銅の剣、碧玉の首飾り、鏡などが副葬されていた。他の二基の墓には三六体にも及ぶ遺体が雑然と埋葬されていて、両者の間には明確な区別が認められる。だが、圧巻はその隣に位置する第三号クルガンであろう。

第三号クルガンは、土盛りの高さが約八〇センチメートル、一七×一四メートルの石籬の四角い地下式墓で、三基の主墓に三人の小児の遺体が埋葬されていた。第二号クルガンとは違い、埋葬された遺体からはかなり丁重に扱われた痕跡が窺える。このクルガンは盗掘されたために、副葬品としてはわずかに六個のビーズ、革製ケースに収められた短剣、青銅のナイフが見られるにすぎないが、埋葬当時はかなりの副葬品が収められていたことが推定される。

このようなクルガンの様相からも明らかなように、サラガシュ文化期のタガール社会では、その副葬品の状態からみて氏族内部にかなりの身分格差が存在したことが認められる。第三号クルガンの被葬者は明らかに族長と思われるが、かれらがやがて氏族内に特別家族の地位を確立していったことは、次のテシン文化期（前一～後一世紀）に入ると氏族墓域から独立した単独墓が現れることから容易に推測される。

中国の諸史料によると、堅昆族は冒頓、老上時代に匈奴の支配を受け、時折反抗したものの、おおむね匈奴麾下に与していたようである。このような、匈奴属下の隷属部族内における階層分化は東の烏桓、西の烏孫でも例外ではなかった。いわんや支配種族たる匈奴では身分格差がさらに進んでいたことが容易に推察されよう。

二――政治権力の発生

◈冒頓のクーデター

匈奴の首長頭曼の子として生まれた冒頓は、当初父から疎んじられていたが、敵国月氏の善馬を奪って帰ると、匈奴中より壮のものとして崇められ、父頭曼より万騎長に任命されたことは先に述べた(一三三頁参照)。この事実は、当時万騎長の任免権が首長である単于に所属していたこと、馬を乗りこなし軍事能力のあるものが尊敬されていたことを同時に示している。

冒頓のクーデターについては、『史記』〈匈奴列伝〉に興味深い記事が紹介されている。この記事を多くの地域で認められる民話や説話に由来するものとして、その事実に疑問を投げかける考え方もあるが、当時の遊牧民の実情を端的に表現したものとして、私は高く評価したい。

冒頓は父頭曼より権力を奪いとるため、鳴鏑を用いて部下を訓練し、頭曼を射殺することに成功した。クーデターを敢行する際に、かれが善馬、閼氏、単于と段階を踏んで部下を訓練したことは興味深い。なぜなら、これらはいずれも当時の匈奴遊牧民にとっての尊崇の対象だったからである。このように訓練された兵士たちが、どのようにして冒頓によって選ばれたのかはよくわからない。しかし、かれらが冒頓と古い氏族組織を超えた擬制家族的・個人的な紐帯関係を結んでいたことは事実であろう。冒頓の傘下に結集した人々は、月氏の善馬を奪って戦った冒頓の軍事的な才覚に期待を寄せたのであろう。当時、遊牧民の君長たりうる最大の資格は、まさにこの軍事的な能力に求められていたからである。

冒頓は頭曼を倒すことに成功するや否や、父の愛妾である閼氏一族およびそれに連なる諸部長を殺して自立し、匈奴の諸部族を統合した首長、すなわち単于となったのである。ここに冒頓を中心とした家系が匈奴の政治権力の中枢を握り、それ以降君長たる単于の地位は冒頓の家系の出身者によって独占されていくのである。

◈竜城の会議

匈奴の君長すなわち単于が擁立されたのは、竜城と呼ばれる定期的に開かれた集会でのことであった。この竜城における祭祀については、すでに第三章で述べておいたので、ここでは政治的な意味に限定して述べてみることにする。

中国史書では「(匈奴の)諸長は単于庭に集まる」(『史記』〈匈奴列伝〉、『漢書』〈匈奴伝上〉)と記録されているように、竜城の会議の参加者は「諸長」に限定されていたようであるが、この「諸長」がどの程度の範囲を示しているのかは明らかではない。竜城の会議は、正月、五月、九月の最初の戊日に開かれていたようである。正月は政の小集会、五月は祖先神などを祭る大集会、九月は人畜の数量調査など主として経済的な集会であった。正月の集会は攣鞮氏を中心とする単于一族の集会のようだが、五月、九月には諸氏族長がすべて集まったようである。

例えば、『漢書』〈張騫伝〉には、

〔烏孫王の昆莫は〕単于の死に際して、匈奴に再び朝事しようとしなかった。

とあり、当時匈奴に服属していた烏孫族の首長昆莫が、匈奴の軍臣単于の死に際して招集された会議に参加しなかったことが伝えられている。烏孫王昆莫は、幼少の頃は軍臣単于の養子として育てられたと伝えられており（七〇頁参照）、これを特別な例とする考え方もあるが、休屠王、渾邪王のような他氏族の首長が招集された例もあるように、匈奴麾下の氏、部族長は竜城参加を義務付けられていたようである。他種族の族長たちも竜城の会議に参加させることによって、かれらに匈奴社会の一員であることを認識させ、かれらもまた匈奴国家の規範の規制下にあることを自覚させることを目的としたものと思われる。

竜城の会議の権威は、その時々の情勢によって変動した。竜城において選任、擁立された単于は、狐鹿姑単于のときの左賢王任命などの事例からも明らかなように、みずからの政権を支える諸侯王、官僚群を竜城の会議で選任、任命したようである。

三――行政の仕組み

◈行政機構は軍事組織

次に、『史記』〈匈奴列伝〉、『漢書』〈匈奴伝上〉に述べられている、匈奴の行政機構について述べてみよう。

左右賢王、左右谷蠡王、左右大将、左右大都尉、左右大当戸、左右骨都侯《こっとこう》が置かれた。匈奴では賢いことを屠者《しょき》というので、太子はつねに左屠耆王〔すなわち左賢王〕となる。左右賢王から〔大〕当戸に至るまで、大なるものは万騎、小なるものは数千騎を統べ、全部で二十四人の長官がいたが、〔みな一様に〕万騎と号した。諸大臣はみな世襲であった。呼衍氏、蘭氏、その後に須卜氏がおり、この三姓が匈奴の貴種である。諸々の左の王、将は東方にいる。上谷以東にあたり、東方で穢貉、朝鮮と接する。右の王、将は西方にいる。上郡以西にあたり、月氏や氐、羌と接する。単于の本営は代、雲中〔の北〕にあたる。それぞれ分領地を有して、水や草を逐って移動している。そのうち左右賢王および左右谷蠡王がもっとも大国である。左右骨都侯は〔単于の〕政治を輔佐する。諸々の二十四長も各自、千長、百長、什長、裨小王、相封、都尉、当戸、且渠などの官属を置いていた。

匈奴もまた北アジア遊牧諸民族に広く行われた東西分割統治制を施き、単于はその中央部に位置していたのである。前漢期の匈奴領はおよそ五部に分かれていたものと推定される。中央部のモンゴル高原の中心をなす中国の代、雲中の北に広がる草原地帯には単于庭があった。南は中国の上谷郡と接し、東は烏桓に接する東方領域南部には左賢王が、北は丁令に接する東方領域北部には左谷蠡王が分地していた。氐、羌と接する西方領域南部には右賢王が、堅昆などと接する西方領域北部には右谷蠡王が分地していたのであろう。

このように匈奴の行政機構はすなわち軍事組織でもあり、万騎を率いる二四人の長官の下にさまざまな役職が整備されていたのである。

◈「二十四長」

軍事組織と行政機構が表裏一体となっていたのは、何も匈奴だけではなく、一般にアジアのステップ遊牧民の特徴である。先に引用した匈奴の行政機構は前二世紀の事例だが、後に後漢に内付した南匈奴においてもその本質は大して変わっていない。

匈奴の万騎の長官を、司馬遷は「二十四長」と称している。この「二十四長」については、従来さまざまな論議がなされてきたが、山田信夫は左右賢王と左右谷蠡王および左右骨都侯の役職と大将、大都尉、大当戸の職務を分離して考え、後者を前者の属下と解釈して「二十四長」の実態を解明された。

後漢に内付した南匈奴の実情を記録した『後漢書』〈南匈奴伝〉では、左賢王、左谷蠡王、右賢王、右谷蠡王を「四角」と称し、単于継承権を有するものとして記述している。引き続き『後漢

匈奴諸王の分領地

書』では、左右日逐王、左右温禺鞮王、左右漸将王を「六角」として、いずれも単于の子弟が得る位としているが、「四角」「六角」が特別視されていることは明らかである。南匈奴の「六角」が、前漢期の匈奴の大将、大都尉、大当戸が発展解消したものではなく、後漢期に入って南匈奴のもとで整備、設置された官職であることは護雅夫の研究でも明らかである。

前漢期の匈奴を記録した『史記』『漢書』の両書と後漢期の南匈奴を記録した『後漢書』の間では官職名に相違が見られる。身近に匈奴を知りえた後漢人が前漢人より正確に匈奴を記録しえたことは否定できないが、左右賢王、左右谷蠡王が大将以下の官号より強大な権力を有していたことは否めない。とすれば、先の山田の指摘は的を射ており、左右賢王、左右谷蠡王を上級指揮官、左右大将、左右大都尉、左右大当戸を中級指揮官と分類することが可能であろう。

しかし、いかに大将以下の役職が中級指揮官としての性格を有するとはいえ、かれらもまた単于を輩出する攣鞮氏に属する人々であり、姻戚氏族の官職である骨都侯の指揮下に組み込まれたとは考えにくい。

『史記』『漢書』の両書に記された二十四長と左右賢王より左右大当戸に至る官職数とは一致しない。匈奴には他に左右大且渠、左右犂汗王、左右呼知王などの官職があったことが知られているので、主要な官職のみ紹介して「二十四長」と記したのではなかろうか。今、前漢期の匈奴の軍事組織を整理してみると、次のような表を得ることができるであろう。

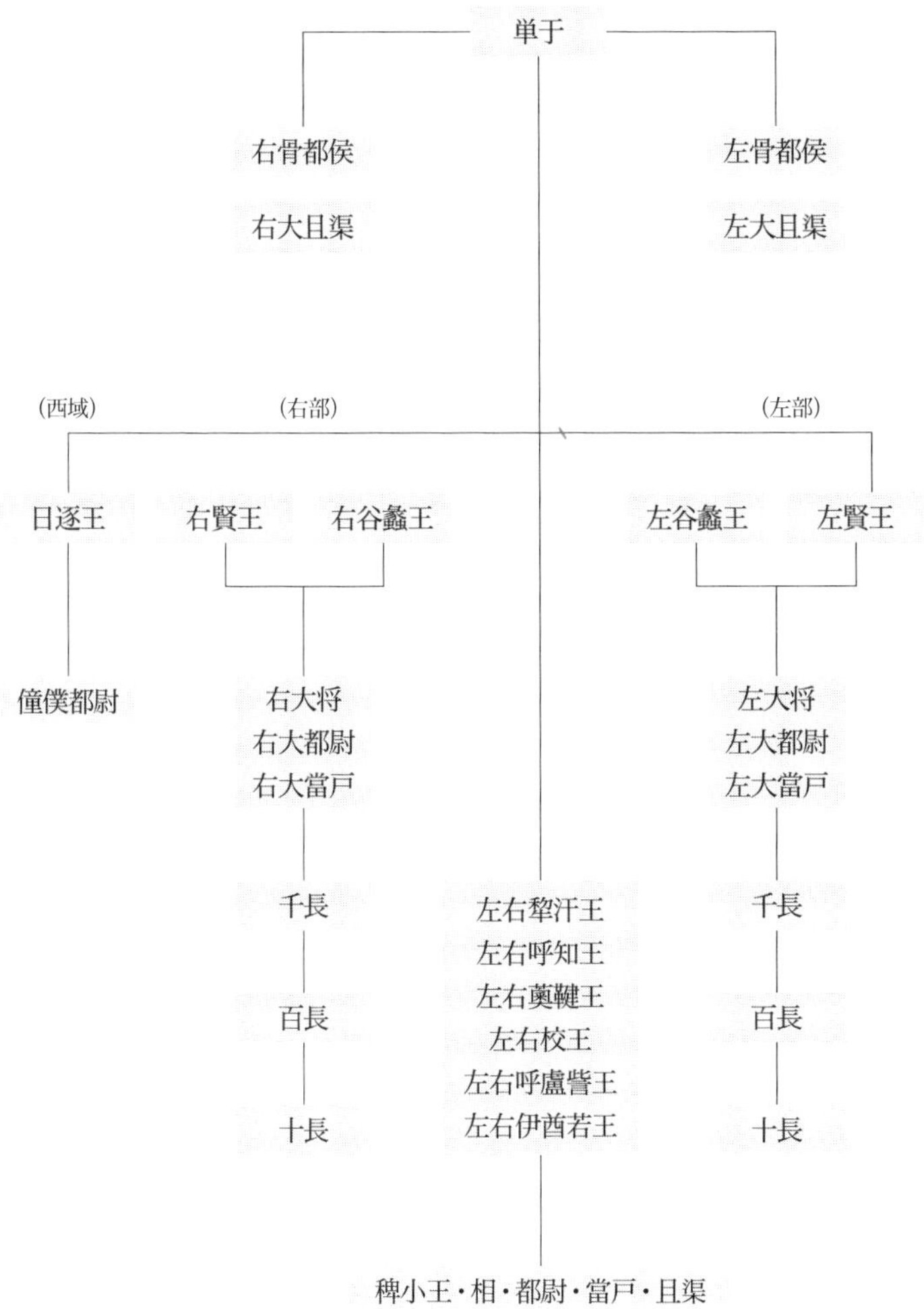
単于
右骨都侯
右大且渠
左骨都侯
左大且渠
(西域)
(右部)
(左部)
日逐王
右賢王
右谷蠡王
左谷蠡王
左賢王
僮僕都尉
右大将
右大都尉
右大當戸
左大将
左大都尉
左大當戸
千長
百長
十長
左右犂汗王
左右呼知王
左右薁鞬王
左右校王
左右呼盧訾王
左右伊酋若王
千長
百長
十長
稗小王・相・都尉・當戸・且渠

前漢期匈奴の軍事機構

四——匈奴君長権の性格

◈単于の称号

これまで度々述べてきたように、匈奴の最高君主は単于という称号で呼ばれてきた。この尊号は、匈奴の全時代を通じて使用されたばかりでなく、柔然（五、六世紀モンゴル高原を支配した遊牧民族）の社崙《しゃろん》が、遊牧君主の尊号として初めて「可汗」号を用いるまで、鮮卑、烏桓などの北アジア諸族および東方の扶余族らによって広く用いられた。

単于の正式名称が撐犁《とうり》狐塗《こと》単于であることは、『漢書』〈匈奴伝上〉に、

その国では〔単于を〕撐犁狐塗単于と称する。匈奴では天のことを撐犁といい、子のことを狐塗という。単于とは広大の意を表し、そのありさまが天の如く広大であることをいう。

と述べられていることからも明らかである。

その意味、語源については、白鳥庫吉以来多くの先学によって研究が続けられてきた。それによれば、撐犁はトルコ語、モンゴル語のtengriに、狐塗は子を指すツングース語のqutoにあたる

とされ、「天の子」なる意味に解釈するのが一般的であるが、狐塗をトルコ語のqut, idiqut（幸福、神聖）と解して、「天の福を受けたるもの」の意味であるとする説もある。

単于の称号は、冒頓の登場によって広く北アジア史上に知れわたることになるが、戦国期の匈奴の君長にも使用されていたことが、『史記』の記述から推定される。例えば、趙の孝成王（在位前二六六〜前二四五）の時代に、李牧（?〜二二九）が匈奴を撃破したとする記事などにも、単于の名称が見える。

しかし、単于の正式名称は撐犂狐塗であり、姓は攣鞮氏であるという記述は、『漢書』にあって、『史記』には存在しない。匈奴に降った漢人中行説が、漢に送る老上単于の書簡を「天地の生むところ、日月の置くところの匈奴大単于」と書き出したこと（三〇頁参照）はあまりにも有名であるが、どうも撐犂狐塗単于と称したのは、冒頓、老上の時代からで、それ以前については後から付け加えたようである。なぜなら、冒頓の父頭曼の名は、トルコ語、モンゴル語のtümən（万人長）を音写したものといわれるが、この名称と撐犂狐塗とはあまりにもそぐわないからである。

だが、これはあくまでも推定にすぎない。それゆえ、この推定を確かなものとするため、次に単于位と攣鞮氏の関係を眺めてみよう。

◈単于位と攣鞮氏

父頭曼を射殺して匈奴屠各種族の君長となった冒頓は、周辺の諸種族を制覇して北アジアを統合したが、すでにその地位は匈奴という一部族の君長には留まらなくなっていた。

つまり、冒頓に至って初めて、匈奴以外の諸部族が、匈奴の支配下に組み込まれたのである。それ故、冒頓によって新たに匈奴支配下に入った諸部族は、この時より冒頓が所属する屠各種の部族神（＝祖先神）を信仰することとなった。なぜなら、それまで匈奴支配下の諸部族は、各々の部族神を信仰していたからである。例えば、漢武帝期において、霍去病の戦略によって漢に服属を強いられた休屠部族は、その後も部族の人々が亡き首長の休屠王を祀っていた事実は、匈奴に隷属する諸部族に、独自の部族神が存在していたことを物語っている。

それゆえ、攣鞮氏と異なる部族神を信仰する諸部族を、恒久的に統治するためには、単于みずからが、諸部族の神々よりも上位にあることを明確に示す必要があった。先に引用した五月の竜城の大会で、「その先祖、天地、鬼神の祭り」をしたのは、諸長を集合させて単于庭で攣鞮一族の祖先神を祀らせることによって、攣鞮一族の首長である単于が、諸長より上位にあることを確認させるためであった。匈奴に服属する諸長は自己の部族に帰れば部族の統一体（＝神）的存在であったから、それは諸部族神の単于への従属を意味していた。

単于の称号は、「天の福を受けたる大単于」とか「天地の生むところ、日月の置くところの匈奴大単于」を意味したが、それは単于が匈奴族の首長であるだけではなく、天神と配下の諸部族も含めた匈奴のすべての民を結ぶ媒体であり、全匈奴社会の統一体の具現化であることを示すものだったのである。撐犂狐塗単于という名称に象徴される匈奴単于の神格化は、単于による諸部族支配の理念を内外に明確に示したものであるといえよう。

◈単于権の限界

ところが、このような匈奴単于の神聖化とは、隷属諸部族に対する単于を中心とする匈奴支配層——冒頓の家系を中心とした攣鞮氏——の優位性を示す理念であって、けっして単于個人の絶対性を意味するものではなかった。これは一見矛盾しているかのように見えるが、次の『漢書』〈匈奴伝上〉の記述を見れば、その疑問は氷解するであろう。

先述したように、狐鹿姑単于の寵愛を受けていた投降漢人の衛律は、新たに匈奴に投降してきた李広利にその寵を奪われることを恐れ、胡巫と結託して李広利を追い落とした（五九頁参照）が、この事件を『漢書』〈匈奴伝上〉は次のように伝えている。

弐師（李広利）が匈奴に住んで一年余り、衛律は弐師が〔単于の〕寵愛を受けていることをそねんでいた。折から単于の母閼氏が病にかかると、衛律は胡巫に、「先の単于〔の霊〕が怒って、胡は以前兵（＝軍神）を祀るにあたって、つねに弐師を捕えて祀ろうといったのに、どうして〔犠牲に〕用いないのかといっている」といわせた。そこで匈奴は弐師をとり抑えた。弐師は「自分が死んだら、必ず匈奴を滅ぼすぞ」と罵ったが、ついに弐師を屠って生贄とした。すると、折から数ヶ月にわたって降雪が続き、家畜は死に人民は疫病にかかり、穀物は実らなかった。単于は恐れて、弐師のために祠室を立てた。

この記事からは、単于の母閼氏がきわめて高い尊崇を受けていたことに加え、亡き先代単于の意志（＝神託）が現実の政策に強い影響を与えていたことを窺うことができる。それは同時に、当時の単于権は祖先神の下に従属し、それを通じて初めて現実的な機能を保持しえたということも示していたといえよう。

すなわち、当時の単于は、今や匈奴の守護神として崇められている先代の単于を継承するものであるという、ただその一点で匈奴部族の他氏族や隷属諸部族に対する権威を保っていたのであり、攣鞮氏内においてはただその代表者としての地位にしかすぎなかったともいえよう。

単于の地位は、すでに神性を付与されていた先代単于の霊を、匈奴社会の守護霊として祀り、同時に先の共同体祭祀と結合することによって、発展してきたのである。先代単于の霊は、当代の単于の祖霊というよりも、全遊牧社会の守護霊として匈奴社会を構成するすべての人々に意識されていたといえよう。この限りでは、当時の単于権は、単于の個人的な専制支配の域には達していなかったのである。

◈暗躍する姻戚氏族

部族内において単于権が一定の規制を受けていたとはいえ、単于を中心とする宮廷政治が匈奴で行われていなかったわけではない。単于を側面より支えたのは、単于と婚姻関係を結んでいた屠各種の貴姓氏族の人々であった。

中国史書は、匈奴の貴姓氏族として呼衍氏、蘭氏、須卜氏、丘林氏などの名を挙げている。丘林氏は、後漢期の南匈奴において勢力を台頭させた新興氏族であり、前漢期の匈奴においては先の三氏が中心的役割を果たしていたようである。中でも、特に顕著な動きを示したのは呼衍氏であった。

呼衍氏は、匈奴国内では攣鞮氏に次ぐ地位を得ており、最貴種とされていた。呼衍氏の勢威の強大さを示すものとして、次の逸話を紹介してみよう。

王昭君との婚儀で有名な呼韓邪単于は、呼衍王の二人の娘を寵愛していた。呼韓邪は姉の顓渠閼氏との間に二人の子（長子は且莫車、次子は囊知牙斯）をもうけ、妹の大閼氏との間に四人の子（雕陶莫皐、且糜胥、咸《かん》、楽《がく》）をもうけた。かれは死に際して、且莫車を後継者として立てようとしたが、顓渠閼氏は呼韓邪に次のようにいった。

> 且莫車は年少で、人民にもまだ人望がありません。おそらくは国を危くするでありましょう。自分と大閼氏とは（姉妹であって）一家であり、子供たちを共有しているのと同様です。雕陶莫皐を立てるのが一番でありましょう。

顓渠閼氏は、自分の妹が生んだ子供は自分の子供と同じであるとして、妹の大閼氏の子を単于に推している。この記事は、当時の閼氏が、自分の出身氏族の利益を代表していることを示すものとして注目されよう。事実、これ以降呼衍氏の女が産んだ子供が単于の地位を独占したのである。

この例では、閼氏が二人とも呼衍氏の出身であったがゆえに、単于権の争いは生じなかったが、出身氏族が異なれば事態は一変する。例えば、壺衍鞮の死後、単于に立った虚閭権渠は右大将の娘の大閼氏を寵愛して顓渠閼氏を退けたため、その父の左大且渠が不満を漏らしている。右大将とは、攣鞮一族に与えられる称号であり、匈奴は族外婚を原則としていたので、この記事はやや理解に苦しむ。同一氏族内でも、血筋(等親)が遠ければ婚姻が認められていたのであろうか。いずれにせよ、単于位をめぐる姻戚氏族間の争いが絶えることはなかった。この争いが匈奴に分裂をもたらし、衰退へと導いたともいえよう。

◈骨都侯

このような貴姓氏族は、自氏族の女が単于と婚姻することによって、単于の側近あるいは外戚として暗躍し、単于政権内部において勢力を誇示しえたのである。

かかる貴姓氏族の役職として、中国史書は骨都侯なる職名を記している。

骨都侯なる役職は単于の側近中最高の役職であり、単于の使節として漢などとの外交交渉にあたる一方、国内の諸氏、部族の動向を監察し、裁判などにも関与した。従来、骨都侯は攣鞮氏らの左右王将のように分地を持たない単于側近の官僚としての性格が強調されていたが、どうもそうではなかったらしい。

『史記』〈索隠〉の「呼衍氏と須卜氏はつねに単于と婚姻した。須卜氏は獄訟をつかさどった」、あるいは〈匈奴列伝〉の「左右骨都侯は〔単于の〕政治を輔佐する」という記事では、骨都侯の職務の官僚的性格が強調されているが、『漢書』〈匈奴伝下〉および『後漢書』〈南匈奴伝〉では軍事的指揮官をも兼任するとされている。

南匈奴では五骨都侯が設置され、各骨都侯が部衆を領して諸部に駐屯し、軍事的な指揮権をも保持していた。このように、『史記』と『漢書』『後漢書』では骨都侯の性格に違いが認められる。この違いはなぜだろうか。ここに私たちは貴姓氏族の勢力の伸張及びその暗躍を見てとることができよう。

◈貴姓氏族の伸張

呼衍氏を筆頭とする貴姓氏族が著しくその勢力を強め、単于政権の中枢部にあって監察権や裁判権を獲得した原因としては、かれらが有する分地内での経済的基盤の拡大が挙げられよう。

部族連合体的な機構を有していた匈奴にあって、東胡や丁令、堅昆らの隷属諸部族より得た生産物および漢などとの交易によって得た利益は、単于のもとに集積されていた。だがここに集められた富は、単于の個人的な財産ではなく、匈奴社会共有の財産である。ところが、この共有財産の管理、統轄権は、単于を中心とする支配層によって掌握されていた。それゆえ、単于と婚姻関係を結ぶことにより、単于とともに管理、統轄権を得た貴姓氏族の首長たちにとって、その富の恩恵に与るのはけっして難しいことではなかったのである。

出生、血統の理念による支配がまだ強固に残存していた匈奴社会にあって、かかる貴姓氏族の勢力の伸張は、単于と結び付きその権力の中枢部に進出することによって初めて可能であろう。

一方、単于が自己の出身氏族のものにではなく、婚姻を結んだ氏族に監察権を有する骨都侯の地位を与えたのは、かれらの支持を取り付けるためばかりではない。出生の原理によって政治的な敵対者となる可能性を持つ攣鞮氏族のものよりも、単于に寄生することによってのみ経済的繁栄を獲ちうることのできる姻戚氏族の方が、みずからの政権を維持していく上でより信頼しうる存在であると考えられたからである。

このような単于と姻戚氏族との関係から、匈奴社会には依然として氏族制の影響が強く残っていたことを知りえよう。

五――中国侵入の真相

匈奴の単于が匈奴社会を構成するすべての人々の守護霊としての地位にあったことは先に述べた。それは諸部族を支配するための単于の地位の精神的な側面であった。

こうした単于の精神的な地位は、遊牧生産の指導者という現実的な経済活動によって裏打ちされていた。遊牧社会の経済活動の中で忘れてはならないものは、中国及び他部族への掠奪という軍事的行動である。本節ではこの掠奪についてくわしく見てみようと思う。

◈掠奪に関する諸学説

一九世紀ヨーロッパの内陸アジア史研究者は、騎馬遊牧民による掠奪を、低級で貧困な生活を送る騎馬遊牧民が、高度な文明に惹かれて隣接する農耕社会に侵入し、そこに蓄積された金、銀などの財宝を掠奪したものと考えた。

しかしながら、二〇世紀に入ると、このような考え方を批判したラティモア、ハンチングトンらによって、遊牧民を中心とする草原社会を一個の独立した文明圏として捉えようとする考え方が提唱された。

一方、ドイツの歴史家で後にアメリカに亡命したウィットフォーゲルは、遊牧社会の単一的な経済性に着目し、遊牧社会は農耕社会に寄生することによってのみ存続が可能であると考えた。それゆえ、遊牧民にとっては農耕社会の恒常的な商品交換が生きていくための必須の条件であり、それが有効に機能しない場合、掠奪という非常手段に訴えたと主張したのである。

しかしながら、遊牧民の農耕国家侵入の原因をステップ地帯の経済性の貧困すなわち食糧不足に求めたことはかれらに共通しており、内田吟風はこの点を鋭く批判された。

内田は、中国史料に見られる遊牧民の中国侵入を政治史的に跡付けて、飢餓と掠奪侵入の因果関係を否定され、遊牧民の掠奪は中国への政治的な圧力であり、むしろ飢餓によって弱体化したときは、かれらは和親を求めていたと指摘されたのである。

ところが、こうした内田によって採られた方法も当時の南北間の政治情勢を概観するに留まり、遊牧民の農耕国家掠奪侵入の真因を把握するに至らなかった。

◈掠奪の実態

モンゴル草原の遊牧民が中国に侵入し、掠奪を行う際、その対象としたのは家畜、人民、穀物の類であった。特に家畜と人民はつねに掠奪の主要な目標であった。

とりわけ、前一七七年（文帝三）の右賢王の河南への侵入、および前一六六年の老上単于率いる一四万騎による朝那、蕭関への侵入は大規模であり、拉致された人民千余人、奪われた畜産（特に牧馬）万余と記されるものであった。

私は、本来かれら遊牧民の特産物であるはずの家畜が掠奪の対象となったのは、遊牧経済における再生産活動の恒常化のためであると考えている。

そもそも、遊牧民は自己の集団すなわち部、氏族を維持していくために、つねに一定の家畜数を確保しておかねばならない。その定量は、時代、牧草地の地形、集団の規模によって若干異なるが、特に羊群と馬群の確保は重要であった。それゆえ、食されたり（主として去勢された家畜）、交易によって放出されるのは、つねに剰余分の家畜であることは明らかであろう。

家畜との有機的な結合によって生活が支えられている遊牧民にとって、押し寄せる人口の増大化と不意の天災によって失われる家畜の補充は、生活していく上で必須の条件である。それゆえ、家畜の増大化を図り、それに伴って優良な牧草地を確保することは、かれらが生きていくためには欠かすことのできない課題であった。

ところが、牧草地の拡大には一定の限界があるので、技術革新による生産力の向上が必要となってくる。今やかれらは技術革新によって、自己が消費する生産財のみならず商品交換を目的とした生産財をも獲得して、自己の生活の安定を図らねばならない。こうした商品交換を目的とした生産活動は、多くの剰余生産物の獲得によって初めて可能となる。しかしながら、技術の改良によって一定の成果が生み出されるとはいえ、それは一朝一夕に果たされるものではない。その上、当時の獣医療の技術は低く、多くの家畜が病死したに違いなく、牛馬の妊娠率もきわめて低かった。とすれば、家畜を補充するもっとも有効な方法は、中国北辺に放牧されている家畜を掠奪することであった。

前一三三年、漢が軍臣単于を誘い出すために、あえて多数の牛馬を放牧させたといういわゆる馬邑城事件(四二頁参照)も、かれら匈奴がもっとも求めていたものが畜獣であったことを端的に示している。

畜獣の中でも、匈奴が掠奪の恰好の対象としたのは軍馬であったといわれるが、これは、遊牧経済における再生産の恒常化のみならず、中国の軍事力を低下させ、かれらが中国に売る馬の商品価値を高めるという、一石二鳥、否三鳥の効果があったからである。

◈人民拉致の意図

匈奴による中国侵寇の際、家畜とともに掠奪の主要な対象となったのは中国北辺の人民であった。かれらはなぜ大量の中国人民を必要としたのであろうか。

バイカル湖南辺のイヴォルガ城塞址からは、匈奴が農業とともに製鉄業を営んでいた痕跡が発見された。もちろん、ここで働いていた人々は匈奴遊牧民ではない。この地で農業や手工業に従事していたのは、漢から拉致された中国の人民であったと思われる。

いうまでもなく、匈奴遊牧民は家畜を逐って生活する人々である。ところが、遊牧生活には家畜の皮を剥ぐのに使用するナイフなど多くの手工業製品が必要である。こうした手工業製品は交易によっても手に入れられるが、恒常的に確保するためには生産地をその支配下に置かねばならない。

匈奴の支配領域の各地に、農業とともに武器や手工業製品の生産を行う地域が各地に存在していたことが、近年の考古学的発掘から明らかになっている。先に示したバイカル湖南畔のイヴォルガ城塞址、ホドギーン・トルゴイ地区のほかに、ヘンディー県のヘルレン川流域に、数多くの匈奴時代の定住址が発見され、モンゴル国・韓国考古団によって発掘調査されている。

中国から大量の人民を拉致したのは、かかる場所での労働者を確保するためであった。史料には具体的には現れないが、遊牧民が手工業技術を持った人間を特に重視したことは、後にモンゴル人が西トルキスタンのホラズムに遠征した折、手工業者たちは殺害せずに奴隷として連行した事実からも明らかである。

◈掠奪品の分配

先に引いた『史記』〈匈奴列伝〉には、「攻戦では、斬首や捕虜〔を得たもの〕には一卮の酒を賜い、取得した鹵獲品はそのものに与えられる。人間を得ればそのものを奴婢とする」と記されている（一一三頁参照）。

この記事は、掠奪戦で得られたものは、獲得した人物自身に与えられたことを示している。スキタイにおいても、戦場で殺戮した敵の首級を王のもとに持参すると、その功労として王より酒を賜い掠奪品の分配に与ったことがヘロドトスの『歴史』に記されている。おそらく、匈奴もスキタイと同様であったと推定される。

ただ、ここで注意しなければならないのは、掠奪戦は集団戦であり、敵の首級を獲得することが個人的な功労として賞賛されたとしても、大量の家畜、人民の獲得は、多数の人々の協力によって初めて可能になるということである。それゆえ、「取得した鹵獲品はそのものに与えられる」といっても、個人が得られるものには、一定の限界があったことは否めない。だとすれば、多くの略奪品の分配が、指導者の裁量に委ねられたことは間違いない。

◈一般牧民の地位

こうした掠奪品の分配方法からも、家畜や家財といった動産は、一般牧民の所有下にあったことが推定される。基本的な生産物の一つである家畜が家族の所有に帰せられているということは、かれらが自立した生産活動に従事していたことを窺わせる。つまり、所属する氏族内部において、かれらは相対的に自立しうる可能性を秘めていたと思われるのである。

このような匈奴の一般牧民の氏族内における相対的自立性は、考古学的資料からも推定される。例えば、一九五六年に中国考古隊によって調査発掘された遼寧省西豊県西岔溝の匈奴墳墓群の一般牧民のものと推定される墓からは、多数の武器と家畜の骨が発見されている。遺骸の傍らからは、武器、馬具、土器などの副葬品とともに馬の頭骨も発見された。

氏族墓という一定の墓域に画されていたとはいえ、副葬品の量にある程度のばらつきが認められることは、それらが被葬者の生前の持ちものであったことを示唆している。

しかしながら、一般牧民が氏族という枠内より完全に自立したものであったとはいいがたい。なぜなら、モンゴルでは馬、羊、牛、ラクダなどの家畜はそれぞれの群ごとに放牧されていて、特に頭数の多い羊などは一群あたり二〜三〇〇頭に上るといわれている。つまり、家畜所有の主体が家族であっても、実際の遊牧は数家族によって経営されているのである。その上、牧草地や河川などはより大きな集団、すなわち氏族によって守られており、家族が自立して行動することはきわめて少ないといえよう。

しかも、先に指摘したような手工業生産は一家族、一氏族の枠内で行われているものではない。各々の遊牧民はより上位の集団に参画することによって、かかる手工業製品の入手が可能であった。

『史記』〈匈奴列伝〉の「戦闘中死者を輿に乗せて帰ると、その死者の家財をことごとく得られる」という記述には、当時の家族が持っていた意味が端的に示されていて興味深い。要するに一般牧民が、氏族の成員として氏族内部で発言権を得ることのできるのは、戦士として共同体的事業——とりわけ牧草地、家畜の防衛、確保——に参加する場合であった。匈奴が「壮健を貴び老弱を賤し」んだのは、こうした事情を反映したものである。

基本的な生産手段たる家畜をみずから保有し、各自が生産を営んでいた点で、一般牧民が氏族という集団に対して比較的自立性を発揮しうる可能性を有していたことは事実である。だが、それは小経営生産の主体としての自立性へと発展するものではなく、軍事的に編成された部、氏族の機構の下で抑えられていた。それゆえ、匈奴における一般牧民の地位は、マルクスが示したゲルマン的土地所有形態に見られるような「自立の諸主体の相互の関係」(『資本制生産に先行する諸形態』)ではなく、軍事的な共同機構を媒介として保証されていたという点に注意を払わねばなるまい。

◈君長は軍事指揮官

これまで見てきたように遊牧経済は、一個の小規模な血縁集団が一生産単位として力を発揮し、そのことによって相対的な自立性を伸張させるという可能性を持っていた。だがそのことは、他の部族による掠奪からの防衛、牧草地の恒常的な確保という、より大きな集団の力によってのみなしうる事業によって保証されていた。

この遊牧生活を保証してくれる集団こそ、共通の祖先を持つと考えられた数家族の集まりである氏族であった。それゆえ、遊牧民においては、血縁的な関係が軍事的な結合関係の基礎となる。それはおのずと、こうした血縁を紐帯とした生産集団が、より上位の機構によってつねに一定の規制を受けることを必然化した。

それと同時に、牧草地の確保と牧民の安寧は、その集団を率いる君長の軍事的能力によって左右されることとなる。なぜなら、有能な軍事的な指導者の傘下で強固な団結を維持していく限り、かれらの安寧は保証されていたからである。匈奴の一般牧民が頭曼を離れて冒頓に付いたのも、かれらが良馬を奪って敵国月氏から脱出した冒頓の軍事的能力を認めたからに違いない。

◈単于権と掠奪

匈奴の単于権は掠奪の軍事指揮官としての性格を持つと述べたが、これについては次の点か

前漢期匈奴単于の中国侵略

単于名	登位年代	登位後三年以内の中国侵寇年次
冒頓	前二〇九	二〇九、二〇八
老上	一七四	
軍臣	一六〇	一五八
伊稚斜	一二六	一二六、一二五、一二四
烏維	一一四	一一二
児	一〇五	一〇三
句黎湖	一〇二	一〇二
且鞮侯	一〇一	九九
狐鹿姑	九七	九七
壺衍鞮	八五	八三
虚閭権渠	六八	六七、六六

らも立証することができる。

記録に残されているものだけでも、匈奴は前漢期に六十数回にわたって中国に侵寇している。注目されるのは、前頁の表にも見られるように、老上以外の単于が、必ずといってよいほど即位三年以内に中国侵寇を決行していることである。とりわけ、伊稚斜単于の代には、即位後連年にわたって中国侵寇が行われていることが注目される。

第二章でも述べたように、伊稚斜は先代単于の太子於単と単于位を争い、於単を追放して政権の座に即いた。冒頓以降、匈奴の単于位継承は長子相続が守られていた。ところが、伊稚斜は先代の軍臣単于の弟であり、かれの単于即位はこれまでの原則を破るものであった。それだけに、伊稚斜登位によって匈奴国内はかなり混乱したようである。西域からの帰途再び匈奴に捕えられた張騫が、匈奴領内からの脱出に成功しえたのもこのときの混乱によるものであった(四〇頁参照)。かかる経緯で単于位を簒奪した伊稚斜が、国内の混乱を治め匈奴牧民の服従を獲得するためには、みずからの軍事的才覚を国内の人々に示す必要があった。単于に即位した後、かれが毎年のように中国に侵入し掠奪を行ったのも、掠奪の成果の一部を隷下の牧民に還元することによって、みずからの政権を確立せんと考えたからだとしてもけっして不思議なことではない。

虚閭権渠単于のとき、単于の対漢和親策を不満とした左大且渠が、呼盧訾《ころし》王とともに中国侵寇を試みたことがある。当時、連年の天災によって匈奴の一般牧民は貧窮の極に達していた。そのような中で、単于が掠奪を敢行せず、中国と和親策を採ることは、一般牧民の欲求に応えるものではなかった。再生産の恒常化を掠奪に求めんとする隷下の一般牧民の切実な欲求に、左大且渠のような族長層が応えねばならない状況だったのである。この左大且渠の不満が引き金となって、その後匈奴各地に単于の指揮に従わないものが続出し、匈奴国内は未曾有の混乱期に突入する。ここからも、単于権の性格の一端を窺えよう。

六——匈奴遊牧国家論

匈奴遊牧社会をいかに規定するか。匈奴は史上初めて登場した遊牧政権であり、その性格付けはその後の遊牧社会史を研究する上で、ひとつの重要な指標となるであろう。本節では、従来の研究を踏まえながら、匈奴社会の性格について考えてみたい。

だが、最初に一言お断りしておこう。それは、匈奴の歴史は五百有余年に及んでおり、一括して捉えることには無理がある。そこで、第五章で述べる後漢の羈縻支配を受けた南匈奴、およびすでに「胡族国家」（二一三頁参照）としての体裁を整えていた劉淵の漢趙政権などは除外し、南北分裂（一八二頁参照）に至る以前、すなわち主として前漢期の匈奴をその対象とする。ただ、南北分裂後もモンゴル草原に残った北匈奴については、前漢期の匈奴と共通する点が多々あるので、参考にしたいと思う。

◈従来の匈奴遊牧国家論

日本において、匈奴遊牧社会の解明に最も精力を傾けられたのは護雅夫である。護は『北アジア史（新版）』（世界各国史一二、山川出版社、一九八一）の中で、「匈奴は、単于氏族と婚姻氏族群とを支配層とし、その下にいくつかの部族を、それらに固有の部族構造を温存したまま従属・連合させた部族連合国家であったといえる」と主張される。

護の考え方は、今日の日本における北アジア史学界の一般的な見解であり、江上波夫も、その著『騎馬民族国家――日本古代史へのアプローチ』（中央公論社中公新書、一九六七、改版一九九四）においても同様な意見を述べている。

これに対して、中華人民共和国の大方の研究者は、匈奴社会を奴隷制社会と規定する。その代表は林幹である。林幹は、その著『匈奴通史』（人民出版社、一九八六）において、匈奴社会における主要な矛盾を奴隷主と奴隷との階級間の対立に求めた。そして、古い氏族組織は冒頓の登場によって解体されたとして、匈奴国家における単于政権の最大の目標は奴隷鎮圧にあったと規定する。

林幹は、匈奴国内における奴隷の数を約三〇万人と推定した。かれは、かかる匈奴の奴隷を古代ギリシアにおけるエルガステリオン（手工業製作場）の奴隷と同一視されているようだが、この推測は当時の実態とはかけ離れていて承服しがたい面がある。

中国の研究者の多くが匈奴社会を奴隷制国家と規定するのに対し、旧ソ連の学者たちは、そうした考え方に否定的な立場を採る。地理学者で歴史学者でもあるレフ・グミリョフ（一九一二〜一九九二）は、民族生成における太陽エネルギーの重要性を強調し、民族は環境との相互作用によって発展、絶頂、衰退を迎えるとしている。かれは遊牧という生産形態が内陸アジアの未開社会からの脱皮を遅らせたと主張し、匈奴社会は古い氏族組織の遺制が残存する階級社会への過渡的な社会と見てとる。苛酷な自然と闘いながら移動を繰り返す遊牧民の生活は、互いに信頼できる仲間、助けあう人々の広がりを常に必要とする。その点、血縁的紐帯が強調され、氏族組織が強固に保持されることは、匈奴社会の実態から照らして納得が行く。しかし、グミリョフが主張されるように、社会発展の要因を自然史に包摂される生物学の範疇に求めるのはいかがなものであろうか。なぜなら、人間社会の発展の原動力は、苛酷な自然の挑戦を克服しつつ、自然と協調してきた人間の英知にあるからである。

グミリョフは『匈奴』（一九六〇）のほかに『ハザール』などを著し、中央ユーラシアで興亡した諸民族の地政学的な研究を推進したが、この考えが、二一世紀に入ってドゥーギンらによる、ロシアはランドパワー（大陸国家）の国、すなわち、ユーラシア勢力であるとする「ネオ・ユーラシア主義」に大きな影響を与えた。グミリョフによるユーラシア大陸における匈奴の地政学的範囲が、今日のロシア主義と結びついているところが興味深い。

以上のような匈奴社会論に対し、新しい視点から匈奴社会を首長制国家であると解釈したのは山田信夫である。山田によれば、前三世紀末から前二世紀末にかけての匈奴にあっては、首長たる単于の権限は、一部族の最高軍事指揮官にすぎず、およそ国家の名に価する政治機構中の主権者、君主ではなかったと規定する。山田の見解は、サーヴィスらの社会人類学者の首長制理論を匈奴史に応用したものである。

サーヴィスは、社会の発展段階をバンド社会→部族社会→首長制社会→国家の順に位置づけ、首長制社会を国家に至る過渡的な段階として位置づけた。

かつて筆者も匈奴単于の性格を論じた際、匈奴単于は国家君主の域には達していないとして、匈奴国家の未成熟性を指摘したことがある。この点で山田の見解は筆者と軌を一にするところがある。この理論は、部族間の征服戦争を遊牧国家成立の契機としていた従来の部族連合国家論を一歩抜け出し、部族社会から階級社会への長い道のりを明らかにするには有効であった。しかし一方では、政治的な現象のみを抽出して、その基底に存在する経済的諸条件を捨象してしまう弱点を含んでいた。

東南アジアにおける首長制社会に着目された中林伸浩は、部族社会は互恵社会、首長制社会は再分配経済社会、国家は暴力的な収奪機構であるとして、この過程に注意を払わなければならないと指摘された。それは首長制社会における収奪関係と政治権力の確立した遊牧国家に見られる支配・隷属関係との相違に注目することであろう。具体的には、匈奴単于のもとに集中された富とは何か、それはいかなる方法によって収奪されていたのかという点に、考察の目を向けるということである。

◈匈奴遊牧社会の歴史的規定

遊牧社会における基本的な生産手段は、牧草地と家畜である。史料によれば、匈奴では基本的には家畜は家族の所有に、牧草地は部、氏族の所有に帰せられていた。

しかしながら、この家畜の家族的所有も、羊群、馬群、牛群といったような家畜の種別による放牧の性質、および飲料水の確保の必要上、けっして部、氏族より独立したものではなかった。しかも、この家畜の家族所有が、部、氏族の共同事業、つまり牧草地と家畜の防衛に戦士として参加することによって初めて保証されていたことは、これまで再三再四述べてきた。

それゆえ、一般牧民は自立した生産者として部、氏族内で独立して存在していたわけではなく、種々の共同体的秩序によって、個々の家族はある程度の規制を受けていたのである。族長層とてこの例外でなかったことは、先に引いた西岔溝墳墓群の実態（一五八頁参照）、並びに、近年発掘され注目を受けている、モンゴル東部のドルリクナルス古墳群の実像を見ても明らかである。

前漢宣帝の時代、校尉常恵が烏孫の兵と共同して西部右谷蠡王の王庭を襲撃した（六一頁参照）が、『漢書』〈匈奴伝上〉ではこの事件を、

校尉常恵は、烏孫の兵とともに右谷蠡王の王庭にまで行き、単于の父親と同排行のものや、嫂居次、名王、犂汗、都尉、千長、将以下三万九千余人を捕獲し、馬、牛、羊、驢、騾、駱駝七十万余を捕獲した。

と記している。この記事によれば、当時右谷蠡王は七〇万余の家畜を所有していた。やや誇張があるであろうが、いずれにせよこれは右谷蠡王が個人で所有する家畜数ではなく、かれの管理下

にあった家畜の頭数を述べたものにすぎない。

このように見てくると、単于のもとに集積された財貨も、また同様にけっして単于個人のものではなく、匈奴部族全体の共有財産であったといえよう。それを単于が管理、統轄することによって、あたかも単于の私的財産であるかのように映じたにすぎないのである。

◈単于と各氏族長の関係

要するに、一般牧民から委ねられた部、氏族の管理、統轄権――牧草地と家畜の確保を主要任務とした軍事的指揮権――は、さらに上位の攣鞮氏族の首長、すなわち単于のもとに集中されたのである。それは、あたかも一般遊牧民がそれぞれの所属する氏族の首長を家父長として意識したように、各氏族長は単于をみずからの家父長として意識したということであった。

それゆえ、このような単于と首長の関係は、各首長と一般牧民との関係が投影されたものではなく、逆に遊牧共同体における首長と一般牧民の関係が首長相互間の関係を規定したものと見るべきであろう。

『史記』『漢書』に含まれた諸伝の記述からも明らかなように、攣鞮氏政権による匈奴の支配は短期間で北アジア全域に広がったが、その支配の形態には地域によってかなりの差が認められる。これは匈奴攣鞮氏政権の支配の方針というよりも、征服を受けた在地首長層の受け入れ方に原因があったようだ。

例えば、先に前一二一年(元狩二)に霍去病が休屠王の金人を奪った記事を挙げた(四五頁参照)が、これなどは休屠王が、匈奴部族の祭祀を、自己の領内の祭祀として取り入れたものであろう。休屠王は匈奴の祭祀を取り入れることによって、匈奴単于への忠誠を示すとともに、匈奴単于の権威を利用して、部族内における自己の立場を高めようとしたものと思われる。隣接する渾邪王が漢に投降するにあたって、まず休屠王を殺害したこと(四六頁参照)は、当時休屠王が単于に忠誠を示していたからであろう。

ところがこれに対し、中国遼寧省西豊県で発見された、西岔溝墳墓に埋葬された首長は、比較的在地首長としての性格を表している。この遺跡は遊牧的な形式と漢文化の様相が混合していて、烏桓族の一氏族のものとする考えが有力である。この墳墓は、触角式の青銅柄頭の鉄剣など武具・馬具・土器など一万八千点にも及び、匈奴の影響を受けながらも地方種族の性格を鮮明に示している。

ノイン・ウラ第六号墳に見られる匈奴の王墓が木槨墳であるのに対し、西岔溝墓は土壙墓であり、明らかに葬制の違いを示しているからである。これは単なる葬制の地域差ではなく、被葬者である首長と匈奴攣鞮氏政権との関係のありようを示しているのであろう。

なぜなら、西岔溝の首長の地位が単于の承認のもとにあったならば、かれはおそらく匈奴の葬制に従ったに違いないからである。この被葬者があえて氏族員と同様の葬制で埋葬されたということは、その首長の権力が当該氏族の人々によって支えられていたことを推測させる。この点、一九八九年モンゴル・ハンガリー・ソ連の共同調査によるウランバートル近郊のモリン・トルゴイ遺跡は、匈奴種族の木槨墳墓の葬制特徴を示していて、匈奴政権に近い人々の性格を示していた。

このように、北アジアにおける匈奴攣鞮氏政権の支配は、地域によってばらつきが認められる。その公権力は各首長層への隷属の強要に留まり、けっしてその部民にまでは及んでいなかったことが葬制および副葬品等より推定することができる。

◈手工業支配と単于権

漢・文帝時代の政治思想家賈誼は、『新書』〈匈奴篇〉で、匈奴軍の軍事徴発は「五口に一人」でされていたと記し、匈奴の軍事力が他氏、部族の軍より組織的に調達されていたことが窺い知れる。賈誼は文帝の信任も厚く、当時の対匈奴政策の要でもあり、この情報は信頼できよう。要するに、攣鞮氏によって独占された匈奴公権力とは、本来、部族相互間の利害の調整を目的として、軍事的に構成されたものと推定される。

それでは、匈奴攣鞮氏政権は、どのようにして諸部族を永続的に隷属、服従させていたのだろうか。それを解く鍵は単于による農業、手工業生産の独占にあったと考えている。イヴォルガ城塞址からは、黍、粟などの穀物の生産の他に金属製器具類の生産が行われていた痕跡が発見されている。このような鉄を始めとする手工業生産は、イヴォルガ地域に限らず、近年モンゴル各地より発見され、当時匈奴領内において広く行われていたことが認められる。

遊牧生産は、けっして自己完結的な生産形態ではない。遊牧生活を行うには、穹廬の支柱とする木材、武器、遊牧に用いる道具、野菜類など多くの物資が必要である。しかし、移動しながら遊牧生活を送るかれらにとって、鉄や木材を恒常的に生産することは不可能である。先に掠奪の項でも述べたように、かれらは中国北辺の農民を拉致して、こうした手工業生産にあてていたのである。

そして、拉致された中国の人民によって生産された手工業品の管理、統轄権を掌握していたのが単于であり、単于はこの手工業生産の独占を楯に、各地に遊牧する諸部族を統制していたものと推定される。それは、手工業製品の分配権もまた単于の手中にあったからである。

他部族より匈奴単于に委託された権限は、軍事的な指揮権であった。だが一方では、その軍事力は他氏、部族より徴発した兵士によって組織されていたため、単于の権力を規制する役割をも果たしていた。そのため、みずからの権力を支えるものとして利用されたのが、祖先神崇拝という聖的な理念であった。そして、単于はその擬制的な祭祀において神託を得て、付託された権威を権力に変えていったのである。

しかしながら、その権力基盤を一般牧民によって支えられた軍事力に依存している以上、単于は麾下の諸部族に対して絶えず恩恵を与える必要があった。それゆえ、分配の不公平さ、軍事的な指導力の欠如などが露呈すれば、これまで単于の下に悦服していた他部族の離反によって、その権力は泡沫の如く消滅してもけっして不思議ではなかったのである。

◈政治権力と国家権力

これまで、さまざまな角度より匈奴遊牧社会を検討してきたが、私なりの考えを提示すべきときが来たようである。それゆえ、ここで私の匈奴遊牧国家論を簡単にまとめてみることとしたい。

国家の定義にはさまざまな議論があるが、鬼頭清明は、エンゲルスの『起源』第九章に見える国家概念を四つの指標によって理解している。すなわち四つの指標とは、①人民の地域区分、②租税制度の成立、③官僚機構の成立、④人民から切り離された常備軍である。

筆者は、ヨーロッパの農耕社会を基準に論理が展開される『起源』の国家論を、短絡的に北アジア遊牧社会に適用するつもりはないが、この鬼頭の提言には注目してもよいと思う。

ただ、注意しておきたいことは一部の北アジア研究者の中には、冒頓が北アジアを統合し得た要因に、南の中国で劉邦が統一して漢王朝を興したことを挙げる人がいるが、国家は外部から押しつけられるものではなく、社会発展の産物であるということである。

冒頓による北アジア統一を匈奴国家成立の時期と見るならば、それ以前の政治勢力および政治権力とは厳密に区別しなければならないということである。言い換えるならば、頭曼政権から冒頓政権への交代、すなわち冒頓のクーデターが、匈奴遊牧国家の成立の契機となったことが具体的に証明されなければならないということである。残念ながら、我々はその質問に完全に答えるだけの史料を持ちあわせてはいない。ただ確かにいえることは、冒頓がみずからに忠実な臣下集団を結成したこと、「二十四長」などに見られる軍事的な官僚機構を整備したことで、この点から見る限りでは、冒頓の時代に至って、始めて北アジア最初の遊牧国家形成に踏み出したと言えるであろう。

しかしながら、史料を注意深く読む限りでは、冒頓によって結成された家産的な臣下集団は、匈奴の中核種族である屠各種内の結合であって、けっして北アジア全諸部族に及ぶものではなかった。また、「二十四長」などの官僚機構の整備も、それらが攣鞮氏を始めとする屠各種によって独占されたという事実からわかるように、一種族内での整備でしかなかった。

さらに重視しなければならないことは、攣鞮氏や呼衍氏などの一部有力貴姓氏族において、南北分裂の際に古い氏族的な組織が解体した節があるものの、圧倒的に多くの他氏族は古い氏族機構を根強く温存したままであったということである。もちろん、遊牧的な生産活動が氏族組織の温存を可能としたともいえるが、支配氏族と隷属氏族との関係は、先に見たように首長間同士の支配、隷属関係にすぎず(一六九頁参照)、階級的な対立関係にまでは及んでいなかったことが推定される。

先に引いた『史記』〈匈奴列伝〉の「輿に乗せて帰れば、その死者の家財をことごとく得られる」という記述(一一三頁参照)は、一定の社会的分業の発達による家父長的な世帯共同体を単位とする個別経営の端緒とも認められるが、それも遊牧生産特有の相対的な自立性にすぎず、首長層と一般牧民の対立を醸し出すまでに至っていない。

このように見てくると、前漢期匈奴および南北分裂後の北匈奴の社会においては、階級社会移行の萌芽は認められるが、完全な階級社会に移行したとはいいがたい。

従来の遊牧国家論の最大の弱点は、国家形成が即国家完成であると誤解している点にある。日本古代社会に例を採った吉田晶の「階級関係が発生することと、階級関係がその社会の主要な運動法則となり、階級関係によって全社会が規定され組織されることとは厳密に区別する必要がある」という提言は、地域、生産形態が異なるとはいえ、北アジアにおける遊牧国家論を論ずる際にも重く受けとめられるべきであろう。

北アジア古代史を巨視的に見るならば、歴史的には匈奴は遊牧国家形成期に位置し、遊牧国家完成期の突厥などとは明確に区別される必要があろう。そして、匈奴はその国家制度を十分に成熟させえないまま南北に分裂した。だがその遺産は次の鮮卑、柔然に継承されぬまま史上より姿を消したのである。

第五章

匈奴の分裂とその後

これまで後一世紀初頭までの匈奴の歴史を概観し、その文化と社会について私なりの考えを述べてきた。最後に、一世紀以降匈奴が分裂し、歴史の舞台からしだいに姿を消していく過程を述べることにしよう。

一――匈奴の南北分裂

◈烏桓の興起と匈奴の飢饉

匈奴の中興にその生涯を捧げた呼都而尸道皐単于の死は、匈奴衰退の前兆であった。『後漢書』〈南匈奴伝〉によれば、

〈建武〉二二年単于輿が死に、子の左賢王烏《う》達鞮侯《たつていこう》が立って単于となったがまた死に、弟の左賢王蒲奴が立って単于となった。比（右薁鞬日逐王）は単于になれず憤慨して恨んでいた。匈奴国は連年干魃と蝗害に襲われ、赤地は数千里に達し、草木はすべて枯れ、人も家畜も飢え病みて、死亡は大半すなわち三分の二に及んだ。

とあって、匈奴の疲弊は前後に絶するものといわれた。

二二年、匈奴は国乱れ、烏桓はその弱みに乗じて、これを撃ち破った。匈奴は北方数千里に移動して、砂漠（ゴビ）の南は無人の地となった。

と『後漢書』〈烏桓伝〉にあるように、烏桓が匈奴に対する積年の恨みを晴らすため、匈奴領内に侵入したことが記録されている。今積年の恨みと表現したが、このことについて少し説明しよう。

烏桓は冒頓に滅ぼされた東胡の後裔で、生きのびた部族が烏桓山を保守したところからその名が付けられたようである。烏桓は匈奴に敗れると、毎年「皮布税」として牛、馬、羊から貂の皮に至るまで貢納を強制された。烏桓に対する匈奴の収奪は苛斂誅求を極め、もし定められたときにまで「皮布税」を納めなければ、その大人（族長）は逆さ吊りにして痛めつけられ、妻子は没収された。それゆえ、漢の昭帝の頃（前八七〜前七四）、烏桓は匈奴を襲撃して単于の墓を暴き、冒頓より受けた怨みに報いたこともあった。

だが、烏桓を支配したのはけっして匈奴だけではなかった。武帝の時代、漢は烏桓校尉を置いて、漢のために匈奴の動静を探らせていた。烏桓は匈奴の漢侵入に対する盾にされたこともあり、もし漢への謀叛があればその人民はことごとく斬首されたという（『後漢書』〈烏桓伝〉）。

このように、烏桓は匈奴、漢両大国の狭間にあって双方の圧力に苦しんでいた。それゆえ、烏桓は常に独立の機会を窺っており、漢王室の内紛および匈奴国内の分裂と混乱は、烏桓にとって独立のための絶好の機会であった。

◈単于位争い

後四五年頃より、モンゴル高原を襲った干魃と蝗害、および東方の隷属種族烏桓の蜂起は、匈奴政権の屋台骨を揺るがすに十分な事件であった。さらにこれに拍車をかけたのが、単于輿の死に伴う単于位継承争いである。

在位中、輿は己の子に単于位を継がせんがため、弟の伊屠知牙師を誅殺した。この間の事情について、『後漢書』〈南匈奴伝〉は次のように伝えている。

そもそも単于（輿）の弟の右谷蠡王伊屠知牙師は、まさに順位の上で左賢王となるべきであった。すなわち左賢王とは単于の継承者を意味するが、単于輿は我が子にその位を伝えんがため、ついに〔伊屠〕知牙師を殺してしまった。

知牙師は、かつて呼韓邪単于に降嫁した王昭君の子で、呼韓邪単于の末子と思われる。『後漢書』〈南匈奴伝〉によれば、知牙師誅殺年代は、輿単于の死（四六）の直前のように見えるが、父の呼韓邪は前三一年に死んでいるので、それより逆算すると、殺害されたとき知牙師は七七歳以上ということになる。八〇に近い老人を次期単于の地位より除くために殺したとは考えにくく、知牙師誅殺は輿の在位中の早い時期ではなかったかと推測されよう。

ともあれ、単于位は輿の死後その長子烏達鞮侯（在位四六）によって継承された。同年その烏達鞮侯が死ぬとその弟の左賢王蒲奴《ほど》が立ち(在位四六〜?)、単于位は輿単于の血統によって独占されるのである。

内田吟風によれば、本来匈奴における単于継承権は、頭曼より呼韓邪に至るまで、一部の例外を除いて長子相続が原則であった。ところが呼韓邪の死後、それが兄弟相続に変わり、これに有力氏族(姻戚氏族)の思惑が絡んで、単于位をめぐる混乱が醸し出されたというのである。しかしながら正確に言えば、単于位が長子相続から兄弟相続に変わったのは、軍臣単于の死後、太子の於単と叔父の伊稚斜が争ったとき(前一二六)からであり、単于権が有力氏族の強弱によって左右されたことは多くの事例より明らかである。これは匈奴単于権の持つ性格と関係がある。この点については、第四章を参照されたい。

◈比の決起と南北分裂

輿単于一族の血統による単于位独占に反対したのは、日逐王の比であった。この頃には日逐王の地位は、左賢王ら四王に並ぶ要職と認められていた。これについて『後漢書』〈南匈奴伝〉は、比の言として次のように伝えている。

兄弟の順序をもってすれば、次に右谷蠡王(輿の弟知牙師)が立つべきであり、子の順序をもってすれば、自分は前単于(烏珠留)の長子であるから、自分が立つべきである。

比は輿の甥で、当時右薁鞬日逐王として匈奴南部地帯と烏桓の統治を任されていた。すなわち、比の支配する領域は、中国に接するすべての地域で、極めて広大であった。

比は新単于の統治に服さず、単于庭の集会にも参加しなかった。蒲奴単于が比の動静をあやしんで二人の骨都侯を派遣すると、比は漢人の郭衡なるものと誼を通じて、ひそかに匈奴の地図を渡して西河太守に降付の意を申し出た（四七、建武二三）。

比の謀叛をいち早く察した二人の骨都侯は、比の討伐を単于に進言した。これを単于の穹廬で聞いた比の弟漸将王が、馬を走らせてこの情報を比に伝えたのである。この報を受けた比は、四八年（建武二四）春、八部の大人たちと協議し、みずから呼韓邪単于（在位四八〜五六）と称し自立した。かれが呼韓邪単于（正式には醢落尸《けいらくし》逐鞮《ちくてい》単于）と名乗ったのは、祖父の称号を継ぐことによって漢の助力を得て、蒲奴単于と対決せんがためであった。ここに匈奴は今日の内モンゴル地区と華北の一部に居住する南匈奴と、北モンゴルで覇を称える北匈奴に分裂するに至ったのである。時に四八年（建武二四）の冬のことであった。

◈南匈奴と後漢の関係

四八年に自立した南単于比は、翌年北単于の弟薁鞬左賢王を生け捕り、北単于の本拠を急襲して数々の戦果を挙げた。そして五〇年（建武二六）秋には自分の子を漢に入侍させて、服属の意を示した。これに対し後漢の光武帝（在位二五〜五七）は、単于に黄金の印璽を授け、冠帯、衣裳を始め、絹布、絮、米穀などを賜与することは宣帝、元帝時代における先代呼韓邪単于と同じであったといわれている。

だが、漢より匈奴単于に与えた賜物は同じであるとはいえ、両者の政治的関係はかつてのそれとはけっして同じではなかった。当時の後漢と南匈奴の関係を示す事例として、『後漢書』〈南匈奴伝〉に見える逸話を紹介してみよう。

〔建武〕二十六年、中郎将の段郴《だんちん》と副校尉の王郁を派遣して、南単于の幕営を五原の西部塞から八十里の地点に建てさせた。そこで単于が使者を迎えたところ、使者は「単于は当然拝伏して天子の詔を受けるべきである」といった。単于は躊躇したものの、結局身を伏して臣と称した。終わってから単于が通訳を介して「新たに位に即いたばかりで、左右の臣下に対し誠に恥ずかしい。どうか使者よ、民衆の前で屈辱的な礼をさせないでいただきたい」といったところ、骨都侯を始め周囲の者はみな涙をこぼした。

先の呼韓邪単于のときは、漢帝の前でも匈奴単于は拝伏を強制されず、いわゆる客臣としての立場が守られていた（六六頁参照）。ところが後漢期では、単于は使者の前ですら平伏することを強要されたのである。賜与された印綬は「匈奴単于璽」であって、形式的には諸侯王の上に位したが、実質的には後漢の藩屏、すなわち北匈奴の攻撃に対する守備隊長としか見られていなかったようである。

とはいえ、毎年元日に朝賀する単于に対する後漢からの下賜品は、袁安によると「億九十万」にも及び、その費用は並々ならぬものであったといわれている。後漢はその他に、単于以外の諸王、骨都侯らにも莫大な絹帛を与えており、それらの物資が南匈奴を通じて、北匈奴にも広く流れていたことはいうまでもない。

◈南匈奴の領域

匈奴南単于（日逐王比）が後漢に内付したとき、その部衆は八部四、五万人といわれていた。翌四九年に、北単于左賢王の衆一万および北部骨都侯の衆三万が合流しており、おおよそ一〇万の部衆が南単于に従ったと思われる。かれらは五〇年頃には、西河郡美稷（オルドス北側の左翼の地）に移住した。そのときの様子を、『後漢書』〈南匈奴伝〉は次のように伝えている。

南単于はすでに西河におり、諸部の王を列置して防備の助けとした。韓氏骨都侯を北地に、右賢王を朔方に、当于骨都侯を五原に、呼衍骨都侯を雲中に、郎氏骨都侯を定襄に、左南将軍を雁門に、栗籍骨都侯を代郡にそれぞれ駐屯させた。みな部民を領し、それぞれ後漢の郡県の耳目として偵察させた。

この記事によると、比に従った八部族が北地、雲中、定襄、五原、朔方、雁門、上谷、代などの諸郡に分布放牧していたことが知られる。これらの地域はかつて後漢が放棄した土地でもあったが、後に漢人が活発に移住し、刺史や太守も置かれて北方防備の体制が整っていく。

◈後漢の異民族政策

四八年（建武二四）の内紛によって匈奴が南北に分裂し、南匈奴は五〇年（建武二六）に設置された後漢の使匈奴中郎将によって統括されるようになった。ここで後漢の周辺異民族統制策について記しておこう。

四九年（建武二五）、匈奴日逐王比の後を追うかのようにして、烏桓の大人郝旦《かくたん》らが後漢に朝貢してきた。このとき班彪《はんぴょう》（『漢書』の編者班固の父）の進言によって護烏桓校尉が設置されたが、その任務は服属した烏桓と同系の鮮卑をも併せて統括するものであった。三三年（建武九）にも班彪の意見によってチベットの羌族を統括する護羌校尉が置かれており、後漢における班彪の地位は、対異民族政策のエキスパートとして皇帝の信任はきわめて厚かった。

復興間もない後漢の北方政策において、この三三年の護羌校尉、四九年の護烏桓校尉、五〇年の使匈奴中郎将の設置は重要な役割を果たしていた。次いで明帝（在位五七〜七五）の頃、南匈奴、烏桓、鮮卑らの反乱が頻発したため、六五年（永平八）に度遼将軍が、さらに七四年（永平一七）

に西域都護、戊己校尉が復置され、明帝、章帝(在位七五〜八八)、和帝(在位八八〜一〇五)の三代にかけて長城の守りが整えられていった。

とりわけ匈奴を統制する上で、護烏桓校尉下の烏桓兵の役割は重大であった。七三年(永平一六)から始まる奉車都尉竇固《とうこ》らの北匈奴遠征、および一四〇年(永和五)夏の南匈奴左部の句竜《こうりゅう》王吾《ご》斯《し》車紐《しゃちゅう》らの反乱(一九一頁参照)のときのかれらの活躍には目を見張るものがあった。

後漢政府は異民族に対して穀物、絹帛などを大量に支給する反面、他方で、かれらを軍の監督のもとに置き、反抗に対しては厳しい処置で望むという、いわゆるアメとムチの統治政策を遂行していた。

とりわけ後漢の烏桓に対する政策は、厳しいものがあった。これは、烏桓の地が遼北にあり、朝鮮・東北地区に通じる東方地帯の重要拠点であったからで、烏桓がかつて冒頓に討たれて以来、匈奴を憎んでいることを利用して、匈奴遠征にはつねに烏桓兵を従軍させていた。また同系の鮮卑とはけっして合流させることなく、一二七年(永建二)二月の遼東、一三一年(永建六)九月の漁陽における鮮卑の挙兵には烏桓兵をあたらせている。このように後漢は南北匈奴、烏桓、鮮卑、羌らを互いに競わせ、いわゆる「夷をもって夷を制する」政策を推進していったのである。

◈北匈奴の民の南下

長城地帯に移住して後漢の藩屏たる役割を担った南匈奴は、その後もかつての同胞北匈奴と死闘を繰り返した。七六年（建初元）の北匈奴皐林温禺犢《こうりんおんぐうと》王との戦い、八三年（建初八）の北匈奴三木《さんぼく》楼訾《ろうし》部の稽留斯《けいりゅうし》、および八五年（元和二）の北匈奴の大人車利涿《しゃりとく》の兵の来降など、多くの場合は北匈奴に対して圧倒的な軍事的優位を示した。

そして八七年（章和元）には、ついに北匈奴の左地（東モンゴル）に鮮卑軍が侵入し、時の北単于優留は討たれ、北匈奴の屈蘭儲、卑胡都須など五十八部、人口二十万、精兵八千人が雲中、五原、朔方、北地の南匈奴が居住する地域に来降してきた（『後漢書』〈南匈奴伝〉）。これ以降、北匈奴の部衆の南匈奴への流入が活発化していった。

北匈奴より新たに降った部衆は「新降渠師」「新降精兵」と呼ばれ、その多くは被支配的または下位的な部族に所属する人々であった。

『後漢書』〈南匈奴伝〉に、

このとき（九〇、永元二）南匈奴は（北匈奴に）連勝し、（北より）投降者を受け入れたため、人口は最盛となり、戸数三万四千、人口数は二十三万七千三百、精兵は五万一百七十。

と記録されているように、数十万を超える北匈奴の部衆が長城以南へ移住した結果、従来からその地に居住していた南匈奴の部衆との間に深刻な対立が醸し出されるに至ったのである。

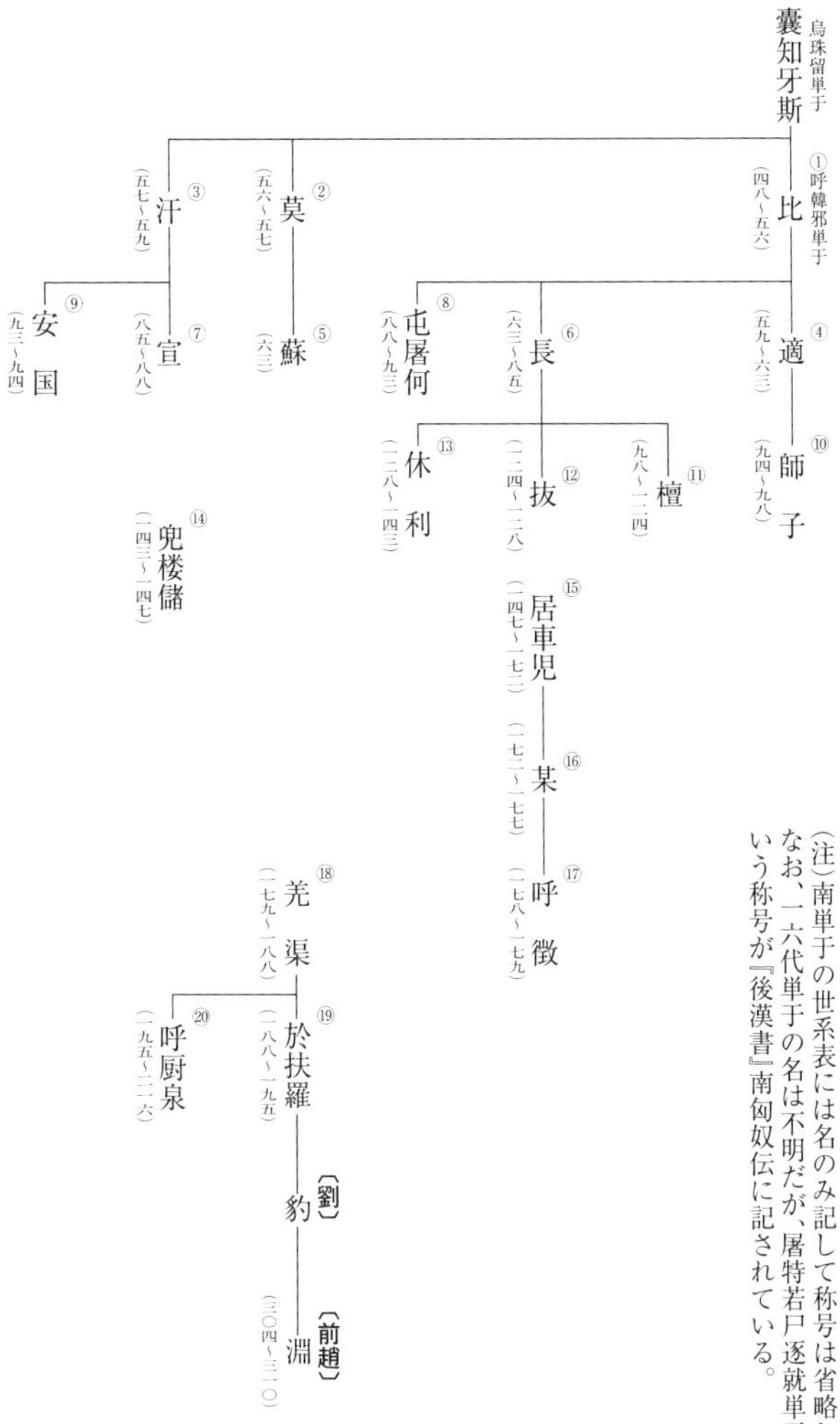

（注）南単于の世系表には名のみ記して称号は省略した。なお、一六代単于の名は不明だが、屠特若尸逐就単于という称号が『後漢書』南匈奴伝に記されている。

匈奴単于世系表２（南匈奴）

◈逢侯の反乱

南匈奴における、北匈奴から新たに来降した部族と従来の八部族間の対立は、安国（在位九三〜九四）の南単于登位によってますます激しくなった。

安国は九三年（永元五）に即位したが、かれは左賢王時代より民衆に評判が悪く、匈奴の民は左谷蠡王師子の即位を望んでいた。しかし北匈奴との戦いで功績を挙げていた師子は、新たに来降した諸部族からは怨みを買っていた。そこで単于になるや否や、安国はかれらと結んで師子（このときは左賢王）を攻撃した。

だが、安国は漢の中郎将杜崇《とすう》と仲が悪かったため、漢は師子に援軍を送った。その結果、師子が優勢となり、安国軍に乱れが出てかれは舅の骨都侯喜為らによって殺された。ここに師子が亭《てい》独尸《どくし》逐侯鞮《ちくこうてい》単于（在位九四〜九八）として単于位に即いた。時に九四年（永元六）のことである。

安国の敗北によって、後楯を失った新降の北匈奴人らは動揺し、ついにその一五部、二十余万人は屯屠何《とんとか》単于（在位八八〜九三）の子薁鞬日逐王逢侯《ほうこう》を単于に擁立して、師子および中郎将杜崇と対決するに至った。逢侯軍は強力であり、南匈奴、後漢の連合軍は苦戦したが、ここで活躍したのが先に述べた烏桓兵たちであった。

逢侯の不幸は、頼りとする北匈奴がその頃連年鮮卑族の襲撃を受け、援軍を得られなかったことである。逢侯軍も鮮卑、烏桓の攻撃を受け、その部衆の多くが北匈奴に復帰してしまった。一一一年（永初五）春、ついに逢侯は朔方塞で配下の百余騎とともに後漢に降った。この間南匈奴では師子が九八年（永元一〇）に薨じ、長単于（在位六三～八五）の子の檀すなわち万氏尸《ばんしし》逐侯鞮《ちくこうてい》単于（在位九八～一二四）が即位している。

逢侯の反乱は一七年も続いた。この事件については、これまで南匈奴内部の単なる部族争いと片付けられ、あまり注目されていなかったが、その後の南匈奴および五胡時代の匈奴の姿を知る上で重要な事件であったことは間違いない。

なぜなら、この乱の鎮圧にあたり南匈奴軍は何ら重要な役割を果たせず、その鎮圧の主力は後漢兵および鮮卑、烏桓兵だったからである。これ以降、南匈奴は後漢への従属化が進行し、独立政権としての体裁を失っていく。この後、一四〇年（永和五）夏の左部の句竜王吾斯車紐らの反乱に対しても、南匈奴は何ら対処しうる能力を持たなかったのである。

この事件で注目されるのは、九四年の南単于が逢侯軍を牧師城に迎え撃ち、吾斯車紐の乱に際しても、主なる攻防が城にて行われていたことである。逢侯も吾斯車紐らも穹廬群を捨て、城に籠って戦っているのである。これらの事象より、南匈奴が軍事面においても変質していることを窺い知ることができよう。ここに至って、もはや草原を疾駆した騎馬遊牧民族の姿を南匈奴に求めることはできなくなったのである。

二――北匈奴の動静

◈交易と掠奪

後漢に降り変質していった南匈奴に対し、北匈奴はどのような運命を辿ったのであろうか。次に、北匈奴の動静を追ってみよう。

四八年（建武二四）、日逐王比が後漢に投降して南単于を称して以降、北匈奴はかつての同胞南匈奴との戦闘に連年明け暮れていた。しかし一方で、後漢に対して積極的に交易を働きかけていたことも見逃せない。

清朝末期、沈惟賢の『後漢匈奴表二巻』（二十五史補編）によれば、北匈奴は五一年（建武二八）に後漢へ遣使したのを始め、連年にわたって後漢との交易を求めている。これに対して後漢側は、南匈奴を保護する傍ら、北匈奴との通商も認め、六三年（永平六）には北匈奴の要求をいれて合市を開くに至った。そして八四年（元和元）には、

北単于は大且渠の伊莫訾王らを〔後漢に〕派遣し、牛馬一万余頭をもって漢の商人らと交易させたが、諸王や大人たちの中にも来るものがいた。〔後漢は〕もよりの各郡県において、そ

れらのもののために官邸を設け、賞賜を与えて優遇した。

と、『後漢書』〈南匈奴伝〉に記録されているように、中国側も北匈奴との交易を奨励していたのである。

史料にも示されているように、北匈奴の交易願望は単于ら支配部族に留まらず、全部族に及んでいた。かれらは自分たちの国内で得られない物資（絹、帛、穀物）を中国より輸入することによって、みずからの欠を補っていたのである。また、匈奴の中国との交易が次に述べる西域経営と深い関わりがあったことは、先の五二年の遣使入朝の際の「北匈奴が漢に遣使し、馬、裘を貢納して和親を乞うた。そして西域の諸胡を率いて献身すると称した」（『後漢書』〈南匈奴伝〉）という記述からも明らかである。

しかしながら、北匈奴は交易を望む反面、六二年（永平五）、六五年（永平八）には雲中、河西地区に大規模な侵入を敢行し、牛馬や人間の掠奪をほしいままにした。こうした傾向は、匈奴の強盛期（冒頓、老上、軍臣期）と何ら変わらなかった。すでに騎馬民族としての性格を喪失しつつあった南匈奴に対し、北匈奴では依然としてその性格が保たれていたことを窺い知ることができよう。

◈車師経営

匈奴と漢との間で、西域経営権をめぐる一進一退の争いが繰り広げられたことはすでに述べた。嶋崎昌によれば、匈奴の西域侵入の門戸は、車師の地（天山山脈の東方一帯）であり、後漢の西域経営の帰趨は車師経略の成否にかかっていた。いま、ここに車師と後漢の関係について紹介してみよう。

車師は古くは姑師《こし》と記された北方の遊牧民であり、焉耆《えんき》以西のアーリア系オアシス民とは文化的にも民族的にも異なっていた。漢軍が車師の地を最初に攻撃したのは前一〇八年（元封三）で、前漢宣帝の頃には車師を前後の王国と山北六国（東且弥国、西且弥国、卑陸国、卑陸後国、蒲類国、蒲類後国）に分割していた。

車師前王国は現在のトゥルファン盆地を支配して交河城を都としており、車師後王国は天山北麓の現在のジムサ付近を都とした。古来より、車師の地は匈奴の西域経営の拠点であり、西域進出を目指す漢と激しい争いが繰り返されたが、匈奴の東西分裂によって西域は漢に帰属した。

しかし王莽の失政によって漢は西域を失い、後漢期に入ると、車師をめぐって北匈奴との間に激しい争いを展開する。七三年（永平一六）にはこの地に覇を称えていた匈奴呼衍王を討ち、翌年車師を攻略して、宣帝、元帝の時代に置かれていた西域都護、戊己校尉を復置した。しかし翌年（七五）には北匈奴左谷蠡王の二万騎が車師を攻囲し、焉耆や亀茲も背いたので、都護も戊己校尉も戦死して後漢は一時西域を放棄した。このように、車師を始めとする西域支配をめぐって、北匈奴と後漢の間で熾烈な戦いが行われ、その狭間にあった西域諸国は両大国に屈従を強いられたのであった。

◈班超と班勇

後漢の西域経営を語る上で特筆しなければならない人物がいる。それは班超《はんちょう》（三二～一〇二）である。班超の父は後漢の異民族政策の頭脳といわれた班彪（一八六頁参照）であり、兄は『漢書』の

後漢期の南北匈奴

車師前王国の都だった交河城址（渡部英喜氏撮影）

編者の班固であった。

班超は七三年（永平一六）大将軍竇固に従って北匈奴に遠征し、その時の戦功が認められて于闐《うてん》、鄯善《ぜんぜん》（楼蘭）地方の経営を任せられていた。班超の鄯善経略については、井上靖の小説『異域の人』（一九五三）で有名である。班超がわずか三六名の手勢で鄯善に乗り込んだところ、運悪く匈奴の使者百余名とかちあった。当時鄯善王は匈奴に服従して漢を軽んじており、班超の一行を粗末に取り扱った。班超はこの事態の打開策を部下に諮ったが、議論百出して収拾が着かなかった。そこでかれは、「虎穴に入らずんば虎児を得ず」といって、部下三六人とともに匈奴の宿営を襲い、使者たちを斬り倒して百余名を焼死させた。これを見て鄯善王は恐れおののき、漢に臣服したといわれている。

この話が真実を伝えているかどうかは疑わしいが、班超なる人物は勇猛果敢な将軍であって、西域都護として三一年の長きにわたって、漢の西域経営を匈奴から守りきり、後漢の西域支配の黄金期を築いたのは事実である。

班超の遺志は、三男の班勇（?～一二七）にも受け継がれた。班勇は一二三年（延光二）に西域長史となると、焉耆を降し伊吾（新疆ウイグル自治区哈密）に屯田を開いて西域経営に努めた。しかし、後に罪を得て班勇が西域を去ると、班超、班勇の二代で築かれた後漢の西域経営も衰退の一途を辿ったのである。

◈北匈奴の西移

班超が西域経営に心血を注いでいた頃、モンゴル高原では異変が起きていた。八七年(章和元)に東方の鮮卑族が北匈奴を攻撃して優留単于を斬ったことは先に述べた(一八八頁参照)が、この頃より北匈奴の衰亡は著しく、その二年後(永元元)には竇憲《とうけん》率いる漢軍によって稽落山でその主力部隊が撃破され、日逐王など八一部二十余万人が漢に降った(『後漢書』〈竇憲伝〉)。九一年(永元三)になると、漢軍が南匈奴とともに北単于軍を金微山で破って、単于の母閼氏および名王ら五千人を斬ったので、ついに北単于はモンゴル高原を捨てて烏孫の地であるイリ地区に移住したのである。この状況を見た鮮卑は、東方より北匈奴の故地に入るとその余種十余万落を併合し、モンゴル高原を支配した。

このとき、北匈奴の右谷蠡王於除鞬《おじょけん》は八部二万余を率いて蒲類海(バリコン湖)辺に留まり、北単于と称した(『後漢書』〈袁安伝〉)。ここに至って北匈奴は国家としての体裁を失い、諸部族が連立する集団と化していったのである。先に南匈奴の逢侯の部衆が北匈奴に復帰したと述べた(一九〇頁参照)が、これらの部衆もおそらく北単于や於除鞬の集団に吸収されていったのであろう。

今やモンゴル高原を鮮卑に奪われた北匈奴が生き残る道は、西域諸国および烏孫などの西辺諸部族を統合し、これらの地(セミレチエ地区)に覇権を確立するしかなかった。第一章で紹介した(一一頁参照)ケンコール墳墓群は、この時期における北匈奴のものといわれている。その古墳装飾の豪華さからは、一時的にせよこの地での北匈奴の勢威を窺い知ることができよう。同時に、中国と中央アジア土着文化の影響を受け、北匈奴が固有の文化と純粋な血族を失いつつあったことも見て取れるのである。

◈北匈奴呼衍王

北匈奴は、東からは鮮卑、北からは丁零の圧力に抗しきれず、モンゴル高原を捨てて、西方に移動した。そして、西域諸国をはじめ烏孫・堅昆らを従え、一時は天山山脈北麓で勢威を振るった。中でも北匈奴呼衍王は強勢であった。『後漢書』〈西域伝〉に引かれた東晋代袁宏の『後漢紀』では、「延光二年(一二三)の頃に至ると、北匈奴呼衍王はつねに蒲類、秦海の間に展開し、西域諸国を寇抄し、ともに専制した」と記録されている。

蒲類が天山東部北麓のバルクル・ノールであることはもはや疑いないが、この地は先にも述べたように、北方系遊牧民である車師族の地であった。呼衍王は車師後部を支配下に収め、しばしば河西、伊吾地区を侵掠する一方、遠く秦海すなわち黒海にまで足を広げ、今日のカザフスタン一帯に勢威を振るっていたようである。

呼衍王とは、匈奴国内では攣鞮氏に次ぐ最貴種であり、外戚氏族の筆頭として勢威を振るった呼衍氏族長の称号である。呼衍王が本拠としていた蒲類海は、匈奴の西域経営の拠点でもあり、前漢期には日逐王(六〇頁参照)の領地でもあった。この地はその後南匈奴日逐王逢侯によって受け継がれたようである。逢侯が南単于から離反した(一九〇頁参照)後、その部衆の多くが逢侯のもとを離れて北匈奴に復帰したが、おそらく呼衍王はこの部衆たちを率いて勢力を盛り返したものと思われる。

匈奴における西域総督の地位は、日逐王に代表されるように攣鞮氏の一族によって独占されていた。それが、最貴種とはいえ呼衍氏に取って代わられたということは、北匈奴内において攣鞮氏の権威が失われていたことを意味する。これは、西方に移動した北匈奴にあっては血統の持つ重みが捨てさられ、実力あるものに部衆が従うという遊牧民本来の姿が浮き彫りにされているのである。

◈北匈奴の行方

北匈奴の中核が呼衍王の部衆であったことは先の記録からも明らかであるが、その中心的存在たる呼衍王の消息は、一五一年(元嘉元)をもって途絶えている。それでは、北匈奴はその後どうなったのであろうか。

『三国志・魏書』〈西域伝〉には、「北単于は金微山を越えて康居に逃れた」とある。金微山とはアルタイ山脈のうちの名峰で、九一年(永元三)に北匈奴が西方に移住した際、後漢を主力とした南匈奴との連合軍に敗れた地である。もちろん北匈奴は九一年の敗退後、すぐに康居の地に逃れたわけではない。しかし、康居は後漢の地よりあまりにも遠いため、中国の史書には北匈奴の消息は断片的にしか記録されず、不明な点が多い。この点については、古来ド・ギーニュ、ヒルト、白鳥庫吉らによって考証されてきたが、内田吟風の研究がくわしいので、今これによってその後の北匈奴の行方を追ってみたい。

内田によれば、『魏書』のいう北単于の康居移住とは、北匈奴がパミール以東の西域諸国に対する支配権を放棄したことを意味し、キルギス草原に移住したのを一五八年(延熹元)頃とする。この移住に同行しえなかった部衆は亀茲の地に留まって悦般国を形成する。これは後の北魏時代に烏孫の西北で二〇万の人口を有したといわれる単于王国悦般である。

その後、鮮卑の英雄檀石槐のモンゴル高原進出により、かつて呼衍王が勢威を振るった地区から匈奴は完全に駆逐される。『三国志・魏書』〈鮮卑伝〉延熹九年(一六六)の条に、「鮮卑の君長が興起し、西は烏孫を討ってことごとく北匈奴の旧地を領し、烏孫に接した」とある。

一六六年以降、北匈奴の勢力はイリ地区の烏孫の西、すなわちキルギス草原より康居の北、シル・ダリヤ北岸の地となった。これは約二百年前の西匈奴郅支の領域にほぼ等しい。西方に移った北匈奴は、古の郅支の威光を利用してこの地に覇権を確立したようであるが、中国諸史料はこの時期以降の北匈奴の消息を伝えていない。それゆえ、以後の北匈奴の歴史については依然として謎に包まれたままとなっている。

三——匈奴・フン同族説

◈匈奴とフンは同族か

北匈奴が、東トルキスタン地帯を放棄して西方へ移動を開始したのは、一五八年（延熹元）頃といわれている。これは、モンゴリアに勢力を広げつつあった檀石槐率いる鮮卑族の圧力から逃れるためであった。

西方に移動した北匈奴は、二世紀の後半ころキルギス草原に留まって周辺の遊牧諸族を支配し、一時は中央アジアに覇を称えていたといわれる。だが、その後の北匈奴については、中国諸史料に断片的な記述が残されたのみでその消息は明らかでない。これは中国が後漢末期の混乱期に入った上、北匈奴の居住地があまりにも遠方に及んでいて、当時の中国人に正確な情報が伝わらなかったためである。

この北匈奴を、四世紀から五世紀にかけて今日の東ヨーロッパを席巻し、ローマ帝国の衰亡に多大な影響を与えたフン族と結び付ける説が登場した。フン族とは、三七五年頃首長バラミールに率いられてドン河周辺を席巻し、東ヨーロッパに侵入した騎馬遊牧民である。五世紀中葉、アッティラ（?〜四五三）に率いられたかれらはパンノニア平原を根拠地として東ヨーロッパの大半を蹂躪し、当時のヨーロッパ人を恐れさせた。現在、その本拠地であったパンノニア平原がハンガリーHungary、すなわち「フンの国」と呼ばれていることからも、その影響の強さがわかろう。フン族に圧迫されて、それまで東ヨーロッパに居住していたゲルマン諸族は西方に移動した。この事件が、やがてローマ帝国を揺るがし、今日のヨーロッパ世界が形成される要因となった民族大移動の発端である。

◈ド・ギーニュの提唱

一七、八世紀に清国に在住したキリスト教ゼスイット派の宣教師たちは、その民族名の発音（一三二頁参照）が酷似していることから、匈奴とフンを頭から同族であると信じていたようである。だが、この問題を初めて学術的に研究し、いわゆる匈奴・フン同族説を最初に提唱したのは、フランス人東洋学者ジョゼフ・ド・ギーニュである。

ド・ギーニュは一七五六年『フン通史』を著し、その中で中国文献と西洋の記録を照合して、匈奴とフンの間にある空白の二百年を繋ぎあわせたのである。かれが扱った中国文献は、『文献通考』（宋末元初の馬端臨撰）や『資治通鑑綱目』（南宋の朱熹著）など比較的後代のものであるが、当時のヨーロッパにおける東洋史学の水準では致しかたない。だが、四世紀ローマの歴史家マルケリヌスやゴート族側のフンの記録を渉猟し、それらを中国文献と結合させるというかれの壮大な歴史観は、当時としては高く評価されてよいであろう。

このように、匈奴・フン同族説を提唱したド・ギーニュの方法は、まず、匈奴とフンの民族名の類似に見られる言語学的研究であり、次が先に述べた中国史料とローマ文献を対比、結合させる文献学的歴史研究である。かれの研究は多岐にわたるが、今その要点のみ簡単に紹介してみよう。

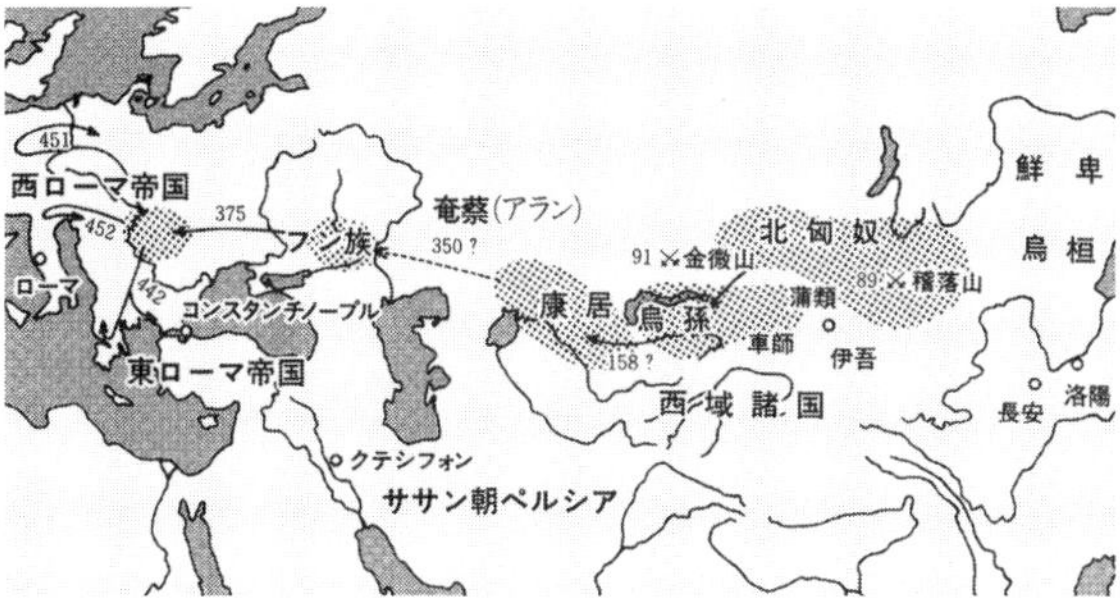

北匈奴の西移とフン族

後一世期末の後漢による北匈奴追討、それに続く二世紀中葉の鮮卑族によるモンゴル高原進出によって、北匈奴は、本拠地の北モンゴリアを放棄して、イリ地方からウーファ、バシキール地方に移住する。中国側の所伝によると、北匈奴が三五〇年頃に奄蔡国王すなわちアラン国王を殺してその国を奪ったと記録されている。これは、フン族が三七六年にアゾフ海よりクリミア半島に侵入したと述べる古代ローマの諸史料に先んずる記録である。両事件は連続したものであり、地理的、年代的な近似より、匈奴とフンは疑いなく同族であるというのが、ド・ギーニュの説であった。

◈匈奴・フン同族説の展開

ド・ギーニュによって提唱された匈奴・フン同族説は、ユーラシア大陸を横断する壮大な試みであるだけに、多くの歴史家のロマンティシズムを掻き立て、東西の研究者の注目を浴びることになった。

一九世紀ドイツの中国史家フリードリヒ・ヒルトは、若年のころ清国海関の統計課員として勤務していた。かれは、『魏書』〈西域伝〉の粟特国の条に登場する匈奴王忽倪を、フン王アッティラの末子ヘルナックに比定して、中国史上の匈奴とヨーロッパ史上のフンを五世紀中葉において結び付け、匈奴とフンの同族を主張した。

このヒルトの見解は、桑原隲蔵、白鳥庫吉らによって日本の学界にも紹介され、匈奴・フン同族説への関心が日本の東洋史学会でもひろがった。ヒルトの提唱によって、匈奴・フン同族論は一時ゆるぎないものとなったが、ドイツの東洋学者クラプロートや白鳥庫吉らによる言語学的研究によって否定された。

クラプロートらによって展開された匈奴・フン非同族説は、匈奴とフンの民族的な帰属――特に匈奴がトルコ系かモンゴル系か――を言語学の立場より論ずるものであった。先に引いたイノストランツェフの『匈奴研究史』(一三頁参照)には、当時の論争の様相が端的に示されている。

元来、トルコ語もモンゴル語もツングース語もアルタイ語系の中の近縁関係にあって、多くの同一単語を有しており、これを中国史書中のわずかな語彙より拾い出して断定することには無理があろう。筆者は、中国史書中に記された匈奴語の言語学的研究を否定するものではないが、わずかな語彙をもとに匈奴がモンゴル系かトルコ系かと議論してもあまり意味がないと思う。なぜなら中国に伝わった匈奴語は匈奴支配者層の言語であって、それらをもって匈奴民族すべてを何々系の民族であると断定することは、危険であるといわざるをえないからである。

考古学の分野からも同族論争に一石が投じられた。江上波夫は、フンが勢力圏としたヴォルガ川流域からパンノニア平原にかけて漢の文物およびその影響下で製作された匈奴式器物が広く出土していることが、匈奴の西遷によって説明できることを証明した。

中でも注目されるのは、匈奴式銅鍑《どうふく》である。銅鍑は祭祀、儀礼用の祭器として、また煮沸用の日常調理器具として北方ユーラシアの騎馬遊牧民族の間で広く用いられた。スキタイ式と匈奴式(フン式)の二種類があり、両者には形式上顕著な差異が認められる。スキタイ式銅鍑が半球形の器体と小さな突起のある環状の双耳を特徴とするのに対し、匈奴式(フン式)銅鍑は中国の鼎器の影響を受け、深鉢形の器体と複雑な装飾が施されたコ字形の双耳を特徴としている。

近年、林俊雄らを中心とする研究グループがユーラシア内陸部に広く分布する匈奴式銅鍑を研究され、シベリア、オルドス地区から多数出土する匈奴式銅鍑がヨーロッパのパンノニア平原にも広く分布している状況の一端を報告されている。この研究は緒に就いたばかりと聞くが、今後の研究の進展に期待したい。

以上、きわめて簡単に匈奴・フン同族論争を紹介してきた。この論争が展開され始めてから、もはや二百数十年の歳月が流れている。しかし、両者が同族であると断言するためには決定的な決め手に欠けているように思われる。さらなる解明が期待されているのが実情であろう。

◈同族論争の問題の所在

これまでの研究史を概括してみると、先に引いたイノストランツェフの著書からも明らかなように、当初、同族論者は匈奴とフンの原音の類似性に着目した。それゆえ、まず両者が用いた言語を諸文献より拾い出して研究するという方法が採られてきた。そして次に、かれらの容貌より見た人種論、さらにはその文化の比較研究によって両者の同一性が追究されてきた。

それは、「民族」は人種、言語、文化の三大要素から成り立つと考えられ、時には「民族」という用語と「人種」という言葉が同義語として捉えられてきたからである。そして、「民族」と「言語」とは基本的に一致するものだという考え方に基づいた、「民族」の成立根拠と言語の成立根拠には共通性があるという誤解をも生み出すことにもなった。

今日のアメリカを例に取っても明らかなように、ともに英語を話していても、白人もおれば黒人もおり、はたまた黄色人種もいて、文化のありようも多種多様である。それゆえ、「民族」についても、三大要素の中より単純に一つを抽出して他の二つを決定することはできないのである。その上「民族」という概念の成り立ちを、かかる三大要素で限定することにも疑問がある。なぜなら今日「民族」はきわめて政治的な用語としても使われており、これを古代社会にあてはめることには無理があるからである。

スターリンは一九一三年の論文において「民族とは、言語、地域、経済生活、および文化の共通性にあらわれる心理状態、の共通性を基礎として生じたところの、歴史的に構成された、人々の堅固な共同体である」(『スターリン全集』二、スターリン全集刊行会訳、大月書店、一九五四)と定義した。この理論は、人間集団は氏族、種族、民族体(ナロードノスチ)、民族(ナーツィヤ)という四段階を経て進化を遂げるという図式に基づいていた。

このスターリンの民族理論は、当時のソ連の中央ユーラシア地域を研究するバルトリドやベルンシュタムなどといった歴史学者に多くの影響を与え、ベルンシュタムは、その著『匈奴概説史』(一九三六年)の中でスターリン理論を踏襲して匈奴史を描いたのである。

だが、スターリンが提起したネイション・ステイト（民族国家）の理論を匈奴史にあてはめることは歴史における段階性を無視するものであった。なぜなら、スターリンの理論の背景には、民族と階級との矛盾を社会主義社会の実現によって解消しようとする意図が含まれていたからである。スターリンの死後、ソ連では六〇年代に民族（ナーツィヤ）概念をめぐる華々しい論争が繰り広げられ、スターリン理論の虚構性が明らかとなったが、「民族」概念の混乱が解消されたとはいいがたい。

◈「民族」と「人種」

永元年間（八九～一〇五）、モンゴリアの地にいた北匈奴は、東方の鮮卑族の攻撃をしばしば受けていた。そのことは『後漢書』〈鮮卑伝〉に、

匈奴の余種の残留するものがなお十余万落ほどあり、みなみずから鮮卑と称した。

とあり、鮮卑の支配下に入った匈奴の遺衆が鮮卑を名乗ったと記録されている。こうした例は、北アジア遊牧民ではしばしば見られることである。

第四章で詳細に述べたように、遊牧民の社会は一種の契約社会である。土地という不動の自然を基盤に成立した農耕民族の社会と異なり、草原地帯を求めて移動する遊牧民は、牧地の情報

蒐集、運輸、交易などの経済生活を保証するものとしての強力な指導者の出現を要請する。遊牧社会はこの点できわめて人為的な社会だともいえよう。匈奴の遺衆がみずから鮮卑と称したのは、新たなる指導者すなわち鮮卑族の首長の傘下に入ることによって、牧草地の保証、手工業品などの分配という恩恵を蒙らんとしたからに他ならない。

護雅夫が「匈奴帝国」(三上次男・護雅夫・佐久間重男共著『中国文明と内陸アジア』講談社、一九七四)の中で匈奴・フン同族問題を取りあげた際、アラル海周辺の遊牧諸族について「かれらの多くは、みずから匈奴なりと称することによって、おのれの自身を栄誉づけようとし、もともと匈奴そのものでないものも、匈奴(フン)として史上に姿をあらわしたものと思われる」と述べられたのは、遊牧社会の実態を端的に表していよう。

これまでの匈奴・フン同族論争が匈奴とフンの民族的な帰属問題に終始したのは、民族という語が人種という語に置き換えて考えられてきたからである。古代ユーラシア遊牧民社会を今日的な「民族」概念(ネイション・ステイト)で考えることは多くの誤解を生み出す源となる。それゆえ、遊牧契約社会に基づく人為的な連合組織として匈奴(フン)民族を解釈することが、今後の匈奴(フン)研究のステップとなるのではないだろうか。

四――五胡の動乱と匈奴

◈後漢末の南匈奴

しばらく北匈奴の動静を述べてきたが、ここで中国北部に残って後漢に内付した南匈奴のその後を再び追ってみよう。

先にも述べたように、九一年(永元三)の全微山の戦いにおける北匈奴の敗北と西方移動の結果、北単于に同行しえなかった多くの部衆が南匈奴に流入し、南匈奴領内の人口は数倍に激増した(一八八頁参照)。この頃の南匈奴は戸数三万四千、人口三十二万七千三百に達したと記録されている(『後漢書』〈南匈奴伝〉)。

四八年(建武二四)に日逐王比が後漢に投降したときの人口は八部の民四、五万といわれたから、四〇年ばかりで約五倍となったことになり、その増加の激しさは想像を絶する。こうした人口の激増によって南匈奴内に深刻な矛盾が発生し、以前から内付していた八部の民と新たに北匈奴から南に流入した民の対立、そして南匈奴支配層と隷属諸部族の対立を生み出したのである。

◈南単于権の崩壊

南匈奴において単于の権力が失墜し、後漢の王廷によって設置された使匈奴中郎将の統制下に置かれていたことは先に述べた(一八六頁参照)。とはいえ、後漢は匈奴部民を直接支配していたわけではない。南単于を傀儡として間接的に支配していたのである。だが、こうした不自然な支配形態が長続きするわけがなかった。

一八八年(中平五)、後漢の霊帝の詔に応じた羌渠《きょきょう》単于(在位一七九～一八八)は、前中山太守張純の反乱鎮圧のために出兵したが、これに怒った多くの匈奴部民が羌渠を攻殺するという事件が勃発した。この反乱は参加者一〇万余に及ぶ大規模なものであったが、その反乱軍の主力は右部醯落や休屠各胡、白馬銅など隷属諸部族であり、従来の攣鞮氏内の権力闘争とは質を異にしていた。単于側は羌渠の子右賢王於扶羅《おふら》(在位一八八～一九五)を単于に立てて反乱鎮圧に努めたが、於扶羅を認めぬ部衆は須卜骨都侯(在位一八九～一九〇)を単于に立てて対抗した。攣鞮氏ではなく須卜氏の族長が部衆によって擁立されたことが注目される。

冒頓以来とだえることなく続いていた攣鞮氏の家系が、このころすでに崩されかけていることが示されている。このため、羌渠の血をひく前趙劉淵の政治形態が必ずしも前漢期の匈奴時代と同一であるとは限らない。この血統の原則の崩れは、五胡時代の匈奴政権の性格に影響を及ぼしたことは否めない。

須卜骨都侯の死後も匈奴部民は於扶羅の単于即位を認めず、老王を立てて国事を代行させたので、南匈奴には単于空位時代が現出した。一九五年（興平二）に於扶羅が死に、弟の呼厨泉《こちゅうせん》（在位一九五〜二一六）の継承後もこの事態は続いた。それゆえ、この事件は南匈奴における単于政治の終結を意味していた。

◈南匈奴の五部分割

呼厨泉は匈奴部民によって単于即位を拒否され、やむを得ず山西南部の平陽に留まった。そして呼厨泉はその地に勢力を伸ばした魏の曹操の軍門に降ったのである。このとき匈奴が曹操によって五部に分割されたことが、次のように『晋書』〈北狄伝〉に述べられている。

建安中、魏の武帝（曹操）は初めてその衆（匈奴の部民）を五部に分割し、部ごとにその中心的な貴人を立てて帥となし、漢人を選んで司馬としてその監督にあたらせた。魏の末に帥を改めて都尉とした。

建安年間（一九六〜二一九）に、曹操によって匈奴は五部に分割されたといわれている。その際、曹操は匈奴の貴人たちに各部の支配を委ねながら、その上に漢人の護匈奴中郎将を置いて匈奴の民を監視させたのである。

匈奴の五部分割を、内田吟風は建安二一年（二一六）の直後とされるが、近年では五部分割を西晋期以降とする町田隆吉による異論もあって、今後の検討を要する。

しかしながら、当時の匈奴部衆すべてが五部に分割されていたわけではなかった。鮮卑や氐、羌に組み込まれたもの、あるいは甘粛の沮渠《そきょう》匈奴やオルドスの鉄弗《てつふつ》匈奴など中国の支配をよしとしないものなど、五部編成から漏れた部衆も多かった。

近年の研究によれば、五部匈奴の民の中には山西地区を支配した漢人地主の佃客《でんかく》(小作農)になるものや中央貴族の奴隷に身を落とすものもあり、匈奴の民衆の窮乏化が進んでいたようである。

◈匈奴王朝前趙の成立

中国は西晋の武帝(在位二六五～二九〇)の登場によって一時的に統一されるが、八王の乱の勃発によりその支配は崩壊した。二九〇年(永熙元)の武帝の死後、皇帝位を継いだ司馬衷(恵帝)が暗愚のため外戚間の争いが発端となって六年間(三〇〇～三〇六)も続いた内乱が八王の乱である。

八王の乱は晋を起こして天下を統一した司馬炎(武帝)の皇后楊氏一族と、恵帝の皇后賈氏一族の権力闘争であるが、このとき乱を起こした諸王が、兵力を利用するため匈奴などの五胡(匈奴、羯《けつ》、鮮卑、氐、羌)といわれる異民族を引き入れたことが、いわゆる五胡十六国時代の引き金となったのである。

三〇四年(元熙元)、当時五部匈奴でもっとも有力であった劉淵はこの情勢を的確に判断し、五部を統一して大単于(在位三〇四～三一〇)と号し、国名を漢と称した。劉淵の傘下に結集した匈奴部民は古の草原国家匈奴の復興を望んだのかも知れない。しかし、劉淵が目指したのはその国名が示すとおり中国化された「胡族国家」の建設であった。

因みに、胡族国家とは島田正郎によって提唱された概念で、中国領内に進出した遊牧民がみずからの伝統的な習俗、文化を保持しながら中国人民を支配する形態の国家で、ウィットフォーゲルによって提唱された「征服王朝」とは質を異にしている（島田正郎『契丹国――遊牧の民キタイの王朝』東方書店、一九九三、新装版、二〇一四）。

劉淵を継いだ弟の劉聡（在位三一〇～三一八）の代になると、この傾向はさらに顕著となる。劉聡は国名を漢より趙（前趙）と改め、遊牧民匈奴と農耕民漢人の統合を推し進めた。だが、冒頓を天神とし、劉淵を上帝としたことからも窺えるように、かれらは支配民族としての地位を堅守した。これは匈奴による軍事力が依然として優勢であったこと、同時に前趙の支配基盤が遊牧民に置かれていたことを示している。

劉淵、劉聡によって建てられた匈奴王朝前趙は、その後北方遊牧諸民族によって建てられる諸国家の原型であった。これを継承したのは鮮卑慕容《ぼよう》族の前燕、氐族の前秦、羌族の後秦などであるが、その性格は少しずつ変貌し、中国的な官制を導入した「胡族国家」が形成されていくのである。

◈石勒の後趙

三一八年（太興元）に劉聡が死ぬと前趙では内乱が起こった。一族の劉曜（在位三一八〜三二八）が長安で即位したが、襄国で挙兵した石勒《せきろく》（在位三三〇〜三三三）は三二九年（咸和四）に劉曜を倒して前

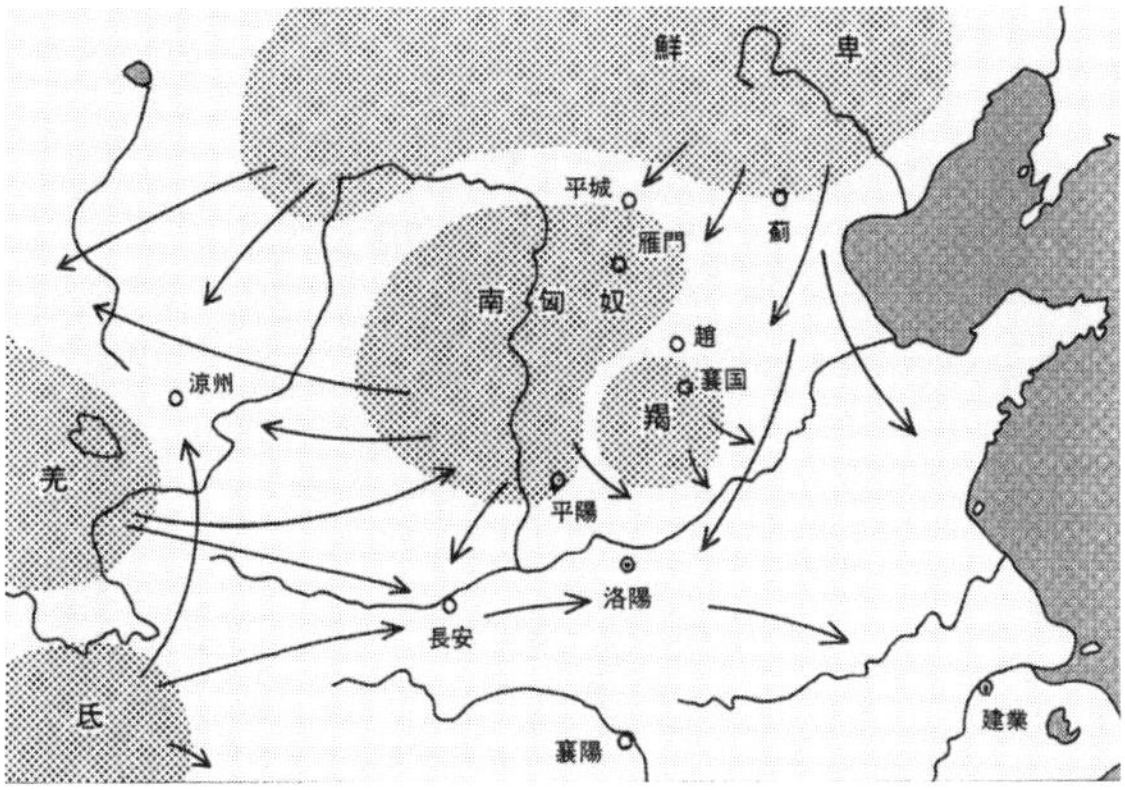

五胡の華北侵入

趙を滅ぼし、後趙を建国した。

石勒の出自については『晋書』〈載記四・石勒上〉に

> 石勒は字を世竜、初名を㔨《はい》といった。上党の武郷の羯《けつ》の人であって、その先祖は匈奴の別部羌渠の冑であった。

とあり、羯の出身であると記されている。

羯とは『晋書』〈北狄伝〉にある晋代匈奴一九種族（一二三頁参照）に数えられる力羯種のことであると考えられるが、「上党武郷羯室」（『魏書』〈羯胡石勒伝〉）から来る地名が民族名になったとする説もある。また姚薇元《ようびげん》のように羯を河西の地に残留した小月氏にあてる説もあるが、匈奴が重要な官職の一つたる且渠の地位を月氏に与えていたとは考えにくく、羯はやはり匈奴の一派と考えるのが妥当であろう。石勒の出自が羌渠種であったか力羯種であったかはわからないが、匈奴最貴種屠各種出身の劉淵とは異なり、卑賤種族の出であったに違いない。

貧しい小部落の酋師の家に生まれた石勒は、少年時代洛陽にて行商し、後に漢人の家の奴隷として苦役を強いられた。やがて石勒は華北の混乱の中で奴隷の身分より解放されると、奴隷、浮囚仲間と群盗「十八騎」を称して諸城市を攻掠して勢力を拡大していった。石勒には強力な匈奴部族の支援はなかったが、かれの指導力に惹かれて結集した有能な漢人（張賓、徐光、李陽ら）の補佐を得たことが、政権樹立の原動力となった。

一代の英傑といわれた石勒は、渭水流域に住むチベット系の氐、羌もその支配下に収め、中原の地は後趙によって統一された。しかし三三四年(咸和九)に即位した石勒の従子石虎(在位三三四~三四九)は人民を徴発して土木建築を行い、奢侈淫虐を極めて人民を塗炭の苦しみに陥れた。そのため、人心は後趙を離れ、石虎の死後、部下だった漢人冉閔《ぜんびん》(在位三五〇~三五二)によって国を奪われてしまった。

◈その他の匈奴系王朝

石虎の淫乱な所行は漢人による胡族蔑視から来る虚構であるとする考えもないわけではないが、『晋書』〈載記〉は石勒の治世を肯定的に記しており、あながち嘘とも思えない。後趙を奪った漢人冉閔が「胡羯誅除」を旗印としたことからも、当時華北において匈奴などの北方諸族と漢人との間に深刻な対立が生じていたことは否定できない。

後趙政権による中原の統一も、石虎の圧政によって一時的なものと終わり、華北の地には鮮卑、氐、羌の諸族による短命な胡族国家が興亡する。これらの国々の動静については、匈奴の歩みを主眼とする本書の趣旨からは外れるので割愛するが、匈奴によって建てられた北涼と夏についてはいくつか若干説明を加えたいと思う。

北涼(三九七~四三九)は、匈奴の沮渠氏出身の蒙遜によって甘粛に建国された。第四章で検討したように、沮渠とは匈奴の官名であり、また前六八年虚閭権渠単于のときの顓渠閼氏の父として左大且渠の名が見える（一五〇頁参照）ように匈奴の有力氏族の一つでもあった。

北涼の建国者蒙遜（在位四〇一～四三三）は「代々盧水にあって酋豪だった」（『宋書』〈氐胡伝〉）と記述されているように匈奴の一部族長の家系に生まれており、祖父祁復延は狄地王、父法弘は前秦の中田護軍の地位にあった。かれは、後涼の呂光（在位三八六～三九九）が蒙遜の伯父で西平太守だった羅仇を殺害したとき、その会葬に集まった諸部を糾合して挙兵したのである。

涼州（甘粛）は前漢時代には休屠王の領地であって、もともと多数の匈奴族が居住していた。おそらく匈奴沮渠氏は、前漢期よりこの地に本拠を構えていたものと推定される。羅仇の会葬に集まった万余の部衆が蒙遜の呼びかけに応じたことからも、涼州における沮渠氏の勢力の大きさを窺い知ることができよう。

一方、夏（四〇七～四三一）は、陝西北部に自立した匈奴の赫連勃勃（在位四〇七～四二五）によって建てられた。夏の都は長安であるが、かれが長安に入ることができたのも、北伐して後秦の勢力を駆逐した東晋の部将劉裕（後の宋の武帝。在位四二〇～四二二）が江南に帰ったためで、いわゆる漁夫の利を得た結果であった。

匈奴赫連氏はかつては鉄弗氏といい、屠各種劉氏すなわち単于を輩出した氏族の正統に属していた。勃勃は先に述べた左賢王去卑に連なり、かれの曾祖父劉虎のときには雁門付近を根拠地としていた。しかし、鮮卑拓跋氏の攻撃に遭ってオルドス地区に移住し、遊牧生活を送っていた。その後石氏（後趙）、苻氏（前秦）に服属していたが、勃勃のときに長安に進出して夏を建国したのである。

勃勃がみずからが建国した国名を「大夏」と号したのは、匈奴が夏后氏の後裔であるという伝説によったものであるが、かれは遊牧君主としての気概を失ってはいなかった。それは、勃勃がみずからを大単于と自称していることからも明らかである。勃勃は赫連氏の出であるが、その母は前秦苻氏であり、妻には鮮卑薛干部の女を娶っている。

元来、匈奴単于の妻すなわち閼氏は呼衍氏などの匈奴貴姓氏族出身と決められていたが、勃勃がこの慣例に従わず他部族の女を娶ったことは、匈奴内においてもはや種族的純粋性が意味を持たなくなってきたことを示している。このことは、前趙の劉淵が諸部の推選によって単于に登位したのではないこと、また後趙の石勒のように卑賤部族の出身でも実力で帝位に即くことができたこととともに、遊牧社会に見られる血族の純粋性、竜城の会議での推戴という王位決定の二大原則がすでに失われていたことと関係があろう。

◈北魏鮮卑族

五胡が建てた国家が興亡して混乱を極めた華北も、北魏に英主太武帝（在位四二三〜四五二）が出現するに及んで、統一の方向へと進んでいく。北魏は鮮卑の拓跋《たくばつ》氏によって建てられた王朝であった。今鮮卑族について簡単に紹介してみたい。

鮮卑は前三世紀に冒頓匈奴に滅ぼされ、鮮卑山に移り住んだ東胡を構成した一部族である。長い間匈奴に支配されていたが、匈奴が南北に分裂すると、独立してシラムレン地域を中心に勢力を伸張し始めた。檀石槐《だんせきかい》なるものが大人に推されると鮮卑は著しく強大化し、一六六年には全モンゴリアを掌握する。その後鮮卑は分裂するが、三世紀頃より再び勢いを盛り返し、四世紀後半の五胡十六国時代には晋朝の衰退に乗じて華北に進出し、前燕、後燕、南燕、西涼、南涼、北魏の諸王朝を建国した。かれらは慕容、宇文、禿髪、乞伏、拓跋各氏を中心とする部族連合体組織であったが、中でも拓跋氏の活躍は目覚しいものがあった。

拓跋氏の君長拓跋猗盧《きろ》が、三一五年(建興三)に西晋によって代王に封じられたのが北魏の始まりである。その後、五胡の争乱によって西晋が滅びると、代王拓跋珪は自立して道武帝(在位三八六~四〇九)と称し、国号を魏と定めた。戦国時代の魏や三国時代の魏と区別するため、北魏、後魏あるいは元魏と称されている。

北魏が強大化するのは太武帝(在位四二三~四五二)の時代で、四三九年頃には夏、北燕、北涼などを滅ぼして華北を統一した。太武帝は慕容《ぼよう》氏らの鮮卑諸族を統合し、外モンゴルの蠕蠕《ぜんぜん》(柔然)を討ち、匈奴などの北方諸族を従えて華北に統一政権を確立したのである。

◈北魏支配下の匈奴

北魏に先行する代の時代以来、拓跋氏鮮卑族は諸部をそれぞれの大人のもとで分割統治していた。その中には匈奴族も含まれていたのである。

『北史』〈独孤信伝〉には、北魏が興った頃から、拓跋氏を中心とする四六部族中の中心部族として活躍していた独孤《どくこ》部について、

魏の初めには四十六部があった。その（独孤信の）先祖の伏留屯は部落の大人となって、魏とともに起った。

と記されている。独孤部は拓跋氏によってオルドスに駆逐された先述の赫連氏と同じく後漢期の南匈奴攣鞮氏（虚連題氏）の流れを引き、晋代の五部匈奴の北部師劉猛の後裔であって、古くから拓跋氏に協力し、密接な関係を築いていた。

北魏の中核氏族である鮮卑拓跋氏と匈奴独孤部が密接な関係を結んだのは、拓跋珪の時代であった。いうまでもなく、珪とは北魏の始祖道武帝のことであるが、珪の先代昭成帝が前秦苻堅《ふけん》（在位三五二～三八五）の軍隊に敗れて代が一時的に滅んだとき、珪は独孤部の劉庫仁に庇護されたのであった（『魏書』〈劉庫仁伝〉）。また、珪が三八六年（登国元）に代国を復興し魏を建国した際にも、独孤部が拓跋氏に協力して戦ったことが、同じく『魏書』〈劉庫仁伝〉に記録されている。

◈匈奴独孤氏の中国貴族化

以上のように、北魏建国の頃より拓跋氏に協力した匈奴独孤部の人たちは、北魏の貴族の一員として繁栄する。それぞれの事績については煩雑になるのであえて述べないが、例えば路孤の孫羅辰が征東将軍定州刺史となって以来、その役職は羅辰の子孫によって受け継がれた。その羅辰の妹は珪の皇后となって太宗明元帝(在位四〇九~四二三)を生んでおり、北魏皇帝の外戚としての地位も堅持されていた。

北魏独孤氏の貴族としての繁栄は、北魏の東西分裂(五三五)後にも継承されていった。すなわち、独孤信は西魏(五三五~五五六)の重臣(大宗伯、衛国公)として活躍したが、その娘たちはそれぞれ北周の明帝の皇后、隋の文帝の皇后、唐の高祖(李淵)の母となり、独孤氏は北周、隋、唐の三代にわたって外戚として権力を保持し続けたのである。ここに匈奴単于の血を引く部族長の一族が漢化し、中国の名門貴族化していった過程を跡付けることができる。

◈匈奴部衆の農民化

前節で匈奴の部族長らの中国貴族化を追ったが、これに対して一般の匈奴部衆はどのような動向を辿ったのであろうか。先に五部匈奴の部民のあるものは漢人地主の佃客(小作人)となり、またあるものは貴族の奴隷として買われていったと述べた(二一三頁参照)が、その後のかれらの動静を追ってみたい。

北魏の道武帝は、従来五胡の諸王朝で採られてきた漢人と遊牧諸部族民に対する二重政策——すなわち漢人には郡県制政治、北方諸族には部族制の温存——を廃止して一元化政策を実施した。もちろんこれは権力の皇帝への一極集中を目論んだものであるが、こうした中で匈奴部族も解散に追い込まれていったのである。

北魏の歴代の皇帝は、旧匈奴部民を旧鮮卑部民とともに郡県民として編成し、強制的に国都周辺地区に住まわせる徙民政策を採って、農業や手工業などに従事させた。かれら徙民が農業に従事する場合には、国家より人口数に応じて田土、農具、耕牛などが支給された。これは北魏政権が一貫して遂行した勧農政策の一端である計口受田制で、後の均田制に連なるものである。

しかしながら、こうした北魏政権の勧農政策によって遊牧民の農民化が簡単に進行したわけではなかった。とりわけ北境居住者の農民化は容易ではなかった。北魏末に高平鎮民の匈奴赫連恩《しゃくれんおん》や柔玄《じゅうげん》鎮民の匈奴万俟《まんし》氏らが部民を率いて反乱した事件などは、徙民政策、勧農政策の困難さを示している。だがいずれにせよ、隋、唐に至る頃には遊牧民の農民化はほぼ完了し、農民化を拒否するものは北に逃亡して蠕蠕、突厥などの部民として吸収されていったのである。

あとがき

私が東洋史を志し、匈奴に興味を持ち始めたのは、高校生の頃であるから、今から四〇年近くも前になる。当時高校で世界史を担当されていたロシア史の清水睦夫先生（現平安博物館）のロシア建国起源の話に強烈な印象を受けたのである。それから大学に進学して、中島敦の『李陵』や武田泰淳の『司馬遷――史記の世界』などを読み、李陵や司馬遷の壮絶な生き方に感動し、ますます匈奴史への思いが募った。

ところが、いざ匈奴史研究を始めてみると、いくつかの壁に突きあたった。それは、匈奴に関する史料がきわめて少ない上、その史料の解読にかなりの語学力が必要とされることであった。しかも、その少ない史料はすでに多くの先学たちが分析されており、私など非才のものにとっては分け入る隙すらなかった。そんなとき、怠惰な私を叱咤激励されたのは明治大学の恩師である神田信夫・堀敏一の両先生であった。神田先生には史料解読の方法を、堀先生には歴史学方法論のあり方を教えていただいた。

大学院を経て、現在の大学で東洋経済史を担当するようになると、匈奴研究から離れることが多くなった。資料の収集だけは続けていたものの、それもついつい見落としがちであった。そんなとき、ユーラシア考古学の研究を続けておられるアジア文化研究会の友人林俊雄君（創価大学）は、度々新出資料を紹介した論文をお贈り下さり、匈奴研究から離れがちな私を激励して下さった。今日の匈奴研究は、これまでのような漢籍中心の研究だけでこと足りるものではない。ロシア、モンゴル、中国における考古学的資料の発掘は目覚ましいものがある。現在、その成果の報告は十分とはいえないが、匈奴研究が新たなる段階に入ったことだけは確かである。

今回、時折回り道をしながらも匈奴史の研究を続けていた私に、東方書店より一般向けの本を出してみないかとお誘いがあった。ちょうど、匈奴についてまとめてみたいと思っていた矢先だけに、浅学を省みず承諾したものの、途中いく度か断念したくなったのも事実である。文才に乏しい私にとって、専門用語を一般向けにやさしく表現することはかなりの苦痛であった。非才な私を根気よく督励され、助言して下さったのは、東方書店の阿部哲さんである。ささやかな小著ながらも、本書ができあがったのは氏のおかげである。心より感謝申し上げたい。

一九九六年九月一八日

著者

新訂版あとがき

初版(一九九六年)の『匈奴』が東方書店より出版されて、やがて二〇年になろうとしている。この間、読者の方々から多くの激励を受け、いつのまにか一〇刷にも及んだ。二〇〇七年には韓国版が出版され、二〇一〇年には中国版が出版された。特に、中国版では翻訳者は内蒙古大学の王慶憲、叢暁明の両先生で、訳本の冒頭に著者の言葉を掲載していただいた。王先生からは何度も内蒙古大学での講義が要請されたが、いまだに実現せず申し訳なく思っている。匈奴は一見マイナーなイメージを持っているかにみえるが、案外若い人たちには人気が高く、時折学生の人よりメールで質問を受けることがある。その視点はきわめて新鮮で参考になることが多い。また、大学の東洋(アジア)史学科の学生でも、毎年、匈奴を卒論のテーマに選ぶ学生がいるようである。

誰もが、匈奴はその後のユーラシア大陸部族の政治・経済・文化の原点でもあり、重要なことはわかっているのだが、文献学的には史料も少なく、研究には一定の限界がある。だが近年、中国やモンゴル国では数多くの匈奴の遺跡が発見され、研究が進められている。とりわけ、モンゴル国では研究者の数も少ないため、ロシア、中国、ハンガリー、韓国、日本の研究者との共同調査を期待しており、若い興味のある学生諸君は是非挑戦していただきたいものである。

東方書店コンテンツ事業部の川崎道雄さんから本書の新訂版のお話をいただいたのは昨秋であったが、そのころ他社の原稿を執筆中であったため、『匈奴・新訂版』には手が回らず、東方書店の出版計画に大幅な遅れが出て誠に申し訳なく思っている。新訂版は大幅な修正が可能であったが、旧版の大半を占める第四章の「匈奴の社会」は、基本的には現在も同様の考え方なのであえて大幅な修正は加えなかった。

ただ、読者の方々から受けた批評・忠告に応えるかたちで、誤解を受ける表現には一部修正を加えて読みやすくした。

旧版出版後、私が大学でご指導いただいた神田信夫、堀敏一両先生とも黄泉の国に旅立たれた。今先生方にお会いすることはできないが、その受けた学恩は言葉では言い尽くせないものがある。両先生に心より本書を捧げたいと思う。

本書の発刊依頼を受けてから、あまりにも時間がたちすぎた。出版計画に多大のご迷惑をおかけしたにもかかわらず辛抱強く待っていただいた川崎道雄さん、校正にあたり適切なご意見をいただいた家本奈都さんには、心より厚く御礼申し上げたい。

二〇一五年九月

沢田勲

匈奴史年表

年代	重要事項
前 三一八	匈奴、韓・趙・魏・燕・斉の五ヶ国とともに秦を攻めるも破れる。
二六五	趙の将軍李牧、代・雁門において匈奴一〇万騎を撃破。
二一六	匈奴、秦の阿房宮を襲撃、秦の宮女・役人らを拉致。
二一五	秦の始皇帝、蒙恬をオルドスの地に遣わし匈奴を討つ。匈奴単于頭曼オルドスを捨て北モンゴルに移動。
二〇九	匈奴の冒頓、父頭曼を討って単于となる。
二〇八〜六	冒頓単于、東胡・丁零・月氏などの北アジア諸族を討つ。南の楼煩王白羊王を服属させ、オルドス地帯を奪回。
二〇〇	匈奴、白登山にて漢の高祖を包囲(平城の恥)。
一九七	匈奴と漢和親条約「兄弟の和約」を締結。漢皇帝匈奴単于に公主を嫁し、毎年、絹・絮・米等を送ることを約す。
一九五	燕王盧綰兵一万と共に匈奴に降伏。冒頓の配下となり上谷以東を攻撃。
一八二	匈奴、狄道に侵入して阿陽を攻撃。
一七七	右賢王、北地・上谷・河南に侵入し家畜、人民を掠奪。
一七六	匈奴、敦煌・祁連山付近の月氏を討って西走させ、この地を支配す。
一七四	冒頓単于死す。長子の稽粥が老上単于として即位。
	新たに匈奴・漢条約を結ぶ。公主の傅として中行説同行して匈奴に降る。

一六六　老上単于、一四万騎で朝那・蕭関に侵入、人民・家畜の被害甚大。
一六一頃　匈奴、再度月氏を討ち、西走させる。
一四〇頃　匈奴に服属していた烏孫が自立し、イリ地方を支配。
一三九　漢の武帝、張騫を大月氏に遣わす。
一三三　漢、匈奴の軍臣単于を馬邑城に囲まんとするも失敗（馬邑城事件）。
この頃より、漢と匈奴全面戦争に突入。
一三〇～　匈奴と漢、河西・オルドス地区を中心に衛青、李広ら雲中・オルドス等で激戦。匈奴・漢軍の死者数一〇万を超す。
一二六　軍臣単于死す。張騫、大月氏より帰国。
一二三　伊稚斜単于、趙信を得ると重用。
一二一　漢の霍去病、祁連山に出撃して匈奴を討つ。匈奴の渾邪王、漢に降る。
一一五　漢、酒泉・武威の二郡を置き、匈奴と羌の交通路を断つ。
一一四　伊稚斜単于死す。子の烏維が単于に即位。
一〇五　漢、烏孫と結び、烏孫王昆莫に公主細君を降嫁させる。
一〇四　漢の武帝、李広利に大宛遠征を命ず。
一〇三～二　児単于のとき、左大都尉と漢趙破奴軍が受降城付近で激闘。児単于死す。
九九　漢の将軍李陵、匈奴に降る。且鞮侯単于、李陵を優遇して娘を嫁がせる。
九〇　漢の弐師将軍李広利、匈奴に降る。
八五　狐鹿姑単于病死。衛律、閼氏らが単于位を巡って暗躍。匈奴国内分裂。

七一	壺衍鞮、烏孫を攻撃するも敗退。匈奴の地で大降雪、家畜が大量に死亡。
	北より丁令、西より烏孫、東より烏桓らが匈奴を攻撃。
六八	壺衍鞮単于死す。弟の左賢王が虚閭権渠単于となる。
	このころより、匈奴宮廷内で紛争が続く。
六〇	匈奴の日逐王、漢に降る。漢、西域都護を設置してタリム盆地を支配。
五七頃	匈奴に内紛が起こり、五単于が並立。その後、東西に分裂する。
五一	東匈奴の呼韓邪単于、漢に入朝して臣下の礼を採る。
四九	西匈奴の郅支単于、烏孫・烏掲・丁零を破る。
四四	西匈奴の郅支単于、康居に西走。
三六	漢、東匈奴の呼韓邪単于と同盟し、タラス河畔にて郅支を討つ。
三三	漢、匈奴の呼韓邪単于に王昭君を降嫁させる。
二五	匈奴の復株絫若鞮単于、漢に入朝す。
後	
一〇	新の王莽、匈奴併合を画策するも失敗。
一三	烏珠留単于死す。須卜氏咸を立てて烏累若鞮単于即位する。
一八	烏累単于死す。この頃より単于位をめぐり匈奴で内紛勃発。
四六	左賢王蒲奴単于位につくも日逐王比と対立。
四八	匈奴の日逐王比、南単于となり後漢に投降。匈奴南北に分裂。
七三	後漢、北匈奴を攻撃し、天山方面にて呼衍王の軍を破る。

七四 後漢、西域都護・戊己校尉を復置して西域経営を再開。
八七 鮮卑、東方より北匈奴を攻撃し、優留単于を討つ。
北匈奴の五八部、二〇万人が南匈奴に来降。
九一 北匈奴、後漢の竇憲に破れてイリ地区へ敗走。
九二 北単于行方不明となり、弟右谷蠡王於除鞬単于を名乗る。八部二万人を率いて後漢に使者を送る。
九四 後漢の班超、西域の五五ヶ国を支配下に収める。
薁鞬日逐王逢侯、一五部二十余万を率いて反乱(九四～一一八)。
一〇七 北匈奴、再び西域諸国を支配。後漢と西域諸国の関係断たれる。
一一八 南匈奴の日逐王逢侯が後漢に降る。匈奴の部衆、南北両匈奴に分散。
一二三頃 北匈奴の呼衍王、蒲類・秦海の間を横行して西域を支配す。
このころ、班勇車師後王と北単于の連合軍を破り、車師国を平定。
一二七 北単于、一万余騎を率いて車師後部に入るも、班勇に敗れる。
一三五 北匈奴の呼衍王、車師後部を侵掠。
一五一 呼衍王、伊吾に侵略。伊吾屯域を包囲。
一五六 鮮卑の檀石槐、鮮卑を統一してモンゴル高原を支配。北匈奴、モンゴル 高原を完全放棄。
一五八頃 北匈奴、東トルキスタンを放棄して康居方面に西走。
一六六頃 鮮卑の檀石槐、烏孫を討って北匈奴の旧領を支配。
南匈奴の諸部が反乱。烏桓・鮮卑とともに後漢の国境に侵入。

一八八	羌渠単于の暴政に対し休屠の白馬銅らが一〇万人で挙兵、単于を殺害。
二一六	曹操、南匈奴単于を抑留し、南匈奴を監督させる。
二三〇頃	北匈奴、キルギス草原に留まり周辺諸族を支配。
二八〇頃	北匈奴、康居北部を征服（キルギスステップ南部を征服）。康居、南方に遷る。
三〇四	南匈奴の末裔劉淵、漢（前趙）を建国。
三五〇頃	北匈奴の王（フン王?）、アラン国王を殺し、その国を奪う。
三七五	フン王バラミール、ドン河流域を侵掠。
四〇六頃	フン族、西方のゴート族を劫掠し、パンノニア平原を本拠地とする。
四三四	アッティラ、フン王となってヨーロッパを席巻。
四五三	アッティラが死に、フン族の国家瓦解す。

主要参考文献

ここでは、本書で直接引用した書籍のみを挙げる。比較的読者諸氏の目に触れやすい単行本を中心にしたので、史料および雑誌に掲載された論文などは省略した。それらについては以下に挙げた書籍を参考にしていただきたい。

秋山進午『東北アジア民族文化研究』同朋舎、二〇〇〇

ルイ・アンビス、安斎和雄訳『アッチラとフン族』白水社文庫クセジュ、一九七三

石黒寛編訳『もう一つのシルクロード――草原民族の興亡と遺産』東海大学出版会、一九八一

伊瀬仙太郎『中国西域経営史の研究』巌南堂、一九六八

イノストランツェフ、蒙古研究所訳『匈奴研究史』生活社、一九二六

今西錦司『遊牧論そのほか（新版）』平凡社ライブラリー、一九九五

臼杵勲『鉄器時代の東北アジア』同成社、二〇〇四

内田吟風『古代の蒙古』冨山房、一九三七

内田吟風・田村実造他訳注『騎馬民族史1　正史北狄伝』平凡社東洋文庫、一九七一

内田吟風『北アジア史研究　匈奴篇』同朋舎、一九七五

梅棹忠夫『狩猟と遊牧の世界』講談社学術文庫、一九七六
梅原末治『古代北方系文物の研究』星野書店、一九三七
梅原末治『蒙古ノイン・ウラ発見の遺物』東洋文庫、一九六〇
江上波夫『ユウラシア古代北方文化――匈奴文化論考――』全国書房、一九四八
江上波夫『ユウラシア北方文化の研究』山川出版社、一九五一
江上波夫『アジア文化史研究　要説篇』山川出版社、一九六五
江上波夫『アジア文化史研究　論考篇』山川出版社、一九六七
江上波夫『騎馬民族国家――日本古代史へのアプローチ』中央公論社中公新書、一九六七（改版一九九四）
江上波夫・水野清一『内蒙古長城地帯』東亜考古学会、一九三五（再版、新時代社、一九七一）
小谷仲男『大月氏　中央アジアに謎の民族を尋ねて』東方書店、一九九九（新装版二〇一〇）
加藤謙一『匈奴「帝国」』第一書房、一九九八
加藤定子『古代中央アジアにおける服飾史の研究』東京堂出版、二〇〇二
川又正智『ウマ駆ける古代アジア』講談社選書メチエ、一九九四
来村多加史『万里の長城　攻防三千年史』講談社現代新書、二〇〇三
窪田蔵郎『シルクロード鉄物語』雄山閣、一九九五
ルネ＝グルセ、後藤十三雄訳『アジア遊牧民族史』山一書房、一九四四
駒井義明『蒙古史序説』彙文堂書荘、一九六一

後藤富男『内陸アジア遊牧民社会の研究』吉川弘文館、一九六八
後藤富男『騎馬遊牧民』（世界史研究双書2）近藤出版社、一九七〇
沢田勲『冒頓単于　匈奴遊牧国家の創設者』山川出版社、二〇一五
杉山正明『遊牧民から見た世界史　民族も国境もこえて』日本経済新聞社、一九九七
鈴木治『ユーラシア東西交渉史論攷』図書刊行会、一九七四
角田文衛『増補　古代北方文化の研究』新時代社、一九七一
冨谷至『ゴビに生きた男たち　李陵と蘇武』（中国人物選）白帝社、一九九四
林俊雄『グリフィンの飛翔――聖獣からみた文化交流』（ユーラシア考古学選書）雄山閣、二〇〇六
林俊雄『スキタイと匈奴　遊牧の文明』（興亡の世界史02）講談社、二〇〇七
林俊雄『遊牧国家の誕生』（世界史リブレット98）山川出版社、二〇〇九
E・D・フィリップス、勝藤猛訳『草原の騎馬民族国家』創元社、一九七一
船木勝馬『古代遊牧騎馬民の国――草原から中原へ』誠文堂新光社、一九八九
堀敏一『中国と古代東アジア世界――中華的世界と諸民族――』岩波書店、一九九三
堀敏一『東アジア世界の形成　中国と周辺国家』汲古書院、二〇〇六
V・マッソン、加藤九祚訳『埋もれたシルクロード』岩波新書、一九七〇
松田寿男『東西文化の交流』至文堂、一九六二
松田寿男『砂漠の文化――中央アジアと東西交渉』中央公論社中公新書、一九六八

松田寿男『古代天山の歴史地理学的研究』早稲田大学出版部、一九七〇
三上次男・護雅夫・佐久間重男『中国文明と内陸アジア』講談社、一九七四
三﨑良章『五胡十六国　中国史上の民族大移動（新訂版）』東方書店、二〇一二
護雅夫『遊牧騎馬民族国家――〝蒼き狼〟の子孫たち』講談社現代新書、一九六七
護雅夫編『東西文明の交流Ⅰ　漢とローマ』平凡社、一九七〇
護雅夫『李陵』中央公論社中公叢書、一九七四
護雅夫・岡田英弘『中央ユーラシアの世界』山川出版社、一九九〇
護雅夫・神田信夫編『北アジア史（新版）』山川出版社、一九八一
山田信夫『草原とオアシス』講談社、一九八五
山田信夫『北アジア遊牧民族史研究』東京大学出版会、一九九一
楊海英『草原と馬とモンゴル人』日本放送出版協会、二〇〇一
横田禎昭『中国古代の東西文化交流』雄山閣考古学選書、一九八三

段連勤『丁零、高車与鉄勒』上海人民出版社、一九八八
陶克濤『氈郷春秋――匈奴篇』人民出版社、一九八七
馬長寿『北狄与匈奴』北京・三聯書店、一九六二
馬長寿『烏桓与鮮卑』上海人民出版社、一九六二

武沐『匈奴史研究』民族出版社、二〇〇五
羅哲文『長城』清華大学出版社、二〇〇七
劉学銚『匈奴史論』台北・南天書局、一九八七
林幹編『匈奴史論文選集』北京・中華書局、一九八三
林幹編『匈奴歴史年表』北京・中華書局、一九八四
林幹『匈奴通史』人民出版社、一九八六
林幹編『匈奴史料彙編』上下、北京・中華書局、一九八八
林幹『東胡史』内蒙古人民出版社、一九九三
林旅芝『匈奴史』波文書局、一九七三

匈《きょう》奴《ど》 古代遊牧国家の興亡【新訂版】

東方選書 ㊽

一九九六年一二月三〇日　初版第一刷発行
二〇一五年一〇月三〇日　新訂版第一刷発行

著　者……沢田勲
発行者……山田真史
発行所……株式会社東方書店
東京都千代田区神田神保町一-三　〒一〇一-〇〇五一
電話（〇三）三二九四-一〇〇一
営業電話（〇三）三九三七-〇三〇〇
ブックデザイン……鈴木一誌・桜井雄一郎
組版……三協美術
印刷・製本……シナノパブリッシングプレス

定価はカバーに表示してあります

ISBN 978-4-497-21514-7 C0322

東方選書